Collaborazione Online: Strumenti, Tecnologie e Opportunità

"Non possiamo incolpare la tecnologia per le nostre scelte: essa è semplicemente uno strumento. Ciò che conta è come decidiamo di impiegarla per migliorare la nostra vita, riconoscendo al contempo i rischi e agendo in maniera responsabile."

(Bill Gates)

Titolo: Collaborazione Online: Strumenti, Tecnologie e Opportunità

Autore: Antonio Marino

Indice

7

13

14

Introduzione

La rapida evoluzione delle tecnologie dell'informazione e della comunicazione ha trasformato radicalmente il modo in cui individui, gruppi di lavoro e organizzazioni interagiscono e portano avanti progetti comuni. Un tempo limitata a pochi strumenti rudimentali, la collaborazione a distanza si è progressivamente arricchita di soluzioni sempre più sofisticate, in grado di connettere persone che si trovano a migliaia di chilometri di distanza come se fossero sedute allo stesso tavolo. Oggi, le piattaforme di videoconferenza, i servizi di condivisione documentale, i calendari condivisi e le reti sociali rappresentano solo alcune delle possibilità offerte dal panorama digitale per lavorare in sinergia senza dover condividere fisicamente lo stesso luogo.

In un contesto in cui l'accesso a Internet è divenuto capillare e i dispositivi mobili si sono diffusi in ogni ambito della vita quotidiana, la collaborazione online non riguarda più soltanto le grandi aziende o i professionisti IT. Essa è divenuta uno strumento trasversale, impiegato in ambito educativo, nella gestione delle relazioni personali, nei progetti di volontariato e persino nelle attività artistiche e creative. La possibilità di archiviare, modificare e condividere file in tempo reale, di pianificare incontri e gestire calendari da remoto, di interagire sui social media e di organizzare videoriunioni con pochi clic, rende il lavoro collaborativo non solo più efficiente, ma anche più dinamico e inclusivo.

Questo libro nasce dall'esigenza di fornire un quadro completo di come le nuove tecnologie abbiano ridefinito la collaborazione, analizzando i diversi strumenti e le relative implicazioni organizzative, tecniche e normative. Il percorso tracciato vuole accompagnare il lettore nella comprensione dei concetti fondamentali, ma anche nella consapevolezza degli aspetti pratici che entrano in gioco quando si decide di utilizzare piattaforme online per il lavoro di squadra, la formazione o la semplice condivisione di idee. Pur senza entrare nei dettagli di ogni singolo capitolo, l'intento è quello di offrire una visione d'insieme che mostri come la collaborazione digitale sia diventata un'opportunità concreta per potenziare le proprie attività, riducendo costi e tempi, e al tempo stesso favorendo una più ampia partecipazione.

La riflessione proposta spazia dall'importanza di un'adeguata preparazione tecnica e organizzativa, alla comprensione dei rischi e delle best practice per la tutela dei dati e il rispetto delle normative, fino alla valorizzazione degli strumenti di mobilità che permettono di lavorare in qualsiasi momento e luogo. Senza pretendere di esaurire un tema così vasto e in continua evoluzione, questo libro mira a fornire le basi necessarie per orientarsi nel panorama della collaborazione online, consapevoli dei vantaggi ma anche dei limiti e delle responsabilità che ne derivano. L'augurio è che la lettura possa rivelarsi un punto di partenza per sperimentare in prima persona le infinite possibilità del lavoro condiviso in rete, trovando soluzioni efficaci alle esigenze di ogni giorno.

Capitolo 1: Fondamenti Della Collaborazione Online

1. Introduzione al Concetto di Collaborazione Online

La **collaborazione online** rappresenta la possibilità, per un gruppo di individui, di lavorare insieme in tempo reale utilizzando Internet. Questo concetto racchiude tutte le attività di:

- **Archiviazione** di informazioni in uno spazio condiviso.
- **Elaborazione** dei dati, con modifiche simultanee o successive da parte di più persone.
- **Trasformazione** dei contenuti, ad esempio lavorando in team su un progetto multimediale o un documento.
- **Trasmissione** di file, comunicazioni o messaggi in modo da coinvolgere i partecipanti ovunque essi si trovino.

Grazie alle tecnologie moderne, la collaborazione online non è più limitata a singoli strumenti o applicazioni, ma si estende a una vasta gamma di servizi e dispositivi, garantendo flessibilità, immediatezza e globalità. Questo fenomeno si è affermato in molti settori: dall'ambito **professionale**, dove i team lavorano a distanza su progetti condivisi, all'ambito **educativo**, con la didattica online, fino alle **interazioni sociali**, facilitate da social network, forum e piattaforme di messaggistica.

2. ICT e Collaborazione Online

Le **Tecnologie dell'Informazione e della Comunicazione (ICT)** hanno svolto un ruolo fondamentale nel favorire e potenziare la collaborazione online. Per ICT si intendono l'insieme di risorse hardware e software che consentono di gestire, trasmettere e archiviare informazioni digitali. Alcuni esempi di come l'ICT ha contribuito alla diffusione della collaborazione online:

1. **Reti ad alta velocità:** le connessioni a banda larga (ADSL, fibra ottica) e le reti mobili (4G, 5G) permettono la trasmissione rapida di grandi quantità di dati.
2. **Dispositivi mobili evoluti:** smartphone e tablet, sempre connessi a Internet, danno la possibilità di lavorare su documenti, partecipare a riunioni virtuali o scambiare messaggi istantanei ovunque ci si trovi.
3. **Piattaforme software integrate:** suite di produttività (ad esempio Microsoft 365 o Google Workspace) offrono strumenti per scrivere documenti, creare fogli di calcolo, presentazioni e organizzarli in cartelle condivise.
4. **Sistemi di comunicazione istantanea:** chat, videochiamate e social network favoriscono l'interazione costante tra gli utenti, riducendo i tempi di attesa tipici della posta elettronica e dei metodi di comunicazione più tradizionali.

L'ICT, dunque, è il motore che rende possibile la collaborazione online su vasta scala e in tempo reale. Senza la disponibilità di infrastrutture tecnologiche adeguate e di dispositivi avanzati, il concetto stesso di collaborazione online sarebbe molto più limitato o addirittura impraticabile.

3. Servizi a Supporto della Collaborazione Online

I servizi che consentono la collaborazione online sono molteplici. Tra i principali:

3.1 Cloud Computing

Il **Cloud Computing** rappresenta uno spazio di archiviazione e un insieme di applicazioni accessibili via Internet, spesso fornite da aziende specializzate. L'utente può usufruire di servizi (ad esempio Google Drive, Dropbox, OneDrive) che consentono di caricare, modificare e condividere documenti, senza dover installare necessariamente software in locale.

- **Esempio pratico**: un gruppo di studenti universitari deve lavorare a una tesina. Caricano la bozza del testo su Google Drive e ognuno apporta modifiche o aggiunge commenti in tempo reale. In questo modo, tutti vedono subito le correzioni degli altri, evitando di scambiarsi innumerevoli versioni via e-mail.

3.2 Tecnologie Mobili

Le **Tecnologie Mobili** (UMTS, 4G, 5G, ecc.) e i dispositivi associati (smartphone, tablet) consentono di accedere ai dati e di lavorare in movimento, con la stessa efficienza di un ufficio fisso.

- **Esempio pratico**: un manager in viaggio d'affari può partecipare a una videoconferenza su Zoom tramite il proprio smartphone, condividere documenti di progetto da un tablet e rispondere alle e-mail di lavoro, il tutto mentre si trova in aeroporto o in treno.

---

4. Strumenti a Supporto della Collaborazione Online

La collaborazione online non si limita ai servizi di base (cloud, e-mail), ma si estende a una varietà di **strumenti** che facilitano il lavoro di gruppo. Eccone alcuni:

4.1 Applicazioni di Produttività

Le applicazioni di produttività includono:

- **Elaboratori di testo** (ad es. Microsoft Word, Google Docs)
- **Fogli di calcolo** (ad es. Microsoft Excel, Google Sheets)
- **Strumenti per presentazioni** (ad es. Microsoft PowerPoint, Google Slides)

Spesso, tali applicazioni sono disponibili in **pacchetti integrati** (come Microsoft 365 o Google Workspace) e permettono di lavorare direttamente online.

- **Esempio pratico**: un gruppo di consulenti utilizza Google Docs per redigere in simultanea un report destinato a un cliente. Ciascun consulente è incaricato di una sezione specifica, ma tutti possono visualizzare in tempo reale le modifiche apportate dagli altri.

4.2 Media Sociali

Le piattaforme social (Facebook, LinkedIn, Twitter, ecc.) e le applicazioni di messaggistica (WhatsApp, Telegram) rientrano tra gli **strumenti di collaborazione** perché facilitano lo scambio di informazioni, idee e feedback.

- **Esempio pratico:** un gruppo Facebook dedicato a un progetto consente di postare aggiornamenti, condividere documenti e aprire discussioni tematiche tra i membri.

4.3 Calendari Online

I **calendari condivisi** (ad esempio Google Calendar) semplificano l'organizzazione di riunioni e appuntamenti. Tutti i partecipanti possono visualizzare la disponibilità reciproca e ricevere notifiche automatiche.

- **Esempio pratico:** un'azienda con diversi uffici in città diverse pianifica una riunione virtuale: tramite il calendario online, i partecipanti verificano gli slot di tempo liberi e fissano un meeting, ricevendo subito l'invito via e-mail.

4.4 Riunioni Online e Videoconferenze

Strumenti come Zoom, Microsoft Teams, Google Meet consentono di **incontrarsi virtualmente** e discutere, anche con la possibilità di condividere lo schermo, presentare slide o documenti, registrare la sessione per chi non può partecipare in diretta.

- **Esempio pratico**: una startup con collaboratori distribuiti in varie regioni organizza la riunione settimanale su Microsoft Teams. Ognuno partecipa da casa o dall'ufficio, condividendo documenti e mostrando l'andamento delle proprie attività.

4.5 Ambienti di Apprendimento Online

Le **piattaforme e-learning** (ad es. Moodle, Google Classroom, Blackboard) sono ambienti digitali dove studenti e docenti interagiscono, condividono materiali, svolgono test e attività in modo strutturato.

- **Esempio pratico**: un istituto scolastico organizza un corso di recupero pomeridiano online. Gli studenti accedono ai materiali caricati dal docente, partecipano a forum di discussione e consegnano i propri elaborati sulla piattaforma.

---

5. Principali Caratteristiche degli Strumenti di Collaborazione Online

Per essere considerati **strumenti di collaborazione online**, le soluzioni digitali devono possedere alcune caratteristiche chiave:

1. **Accesso multiutente:** Devono permettere l'accesso a più utenti contemporaneamente. In una riunione online, ogni partecipante deve poter intervenire, se autorizzato, e visualizzare i contenuti condivisi.
2. **Tempo reale (real-time):** Le modifiche apportate da un utente devono essere

immediatamente visibili agli altri. Ciò è fondamentale per la produttività e per evitare confusione legata a versioni multiple di uno stesso file.

3. **Diffusione su scala globale:** Gli utenti possono trovarsi in qualsiasi parte del mondo, purché dispongano di un dispositivo connesso a Internet. Un partecipante a una videoconferenza può essere in viaggio, in un altro Paese o lavorare da casa.

4. **Accessi concorrenti:** Gli strumenti devono consentire a più persone di lavorare sulla medesima risorsa nello stesso momento. In un progetto di design web, i partecipanti possono modificare la grafica in contemporanea, vedendo subito i cambiamenti.

5. **Autorizzazioni e credenziali:** Gli utenti devono possedere i permessi necessari per visualizzare o modificare i contenuti. Ciò implica un sistema di gestione degli account, delle password e dei livelli di accesso (lettura, scrittura, condivisione, ecc.).

---

6. Vantaggi degli Strumenti di Collaborazione Online

L'adozione di strumenti di collaborazione online porta numerosi benefici, sia per le aziende sia per singoli professionisti o studenti. I principali vantaggi includono:

1. **Migliore Produttività:** Lavorare in tempo reale, senza dover attendere lo scambio di e-mail o l'aggiornamento di versioni di documenti,

27

velocizza i processi decisionali e riduce i tempi morti.

2. **Riduzione dei Costi di Trasferta:** Riunirsi online elimina la necessità di spostamenti fisici, con conseguente risparmio di tempo e risorse economiche (biglietti aerei, spese di vitto e alloggio, ecc.).

3. **Maggiore Flessibilità e Work-Life Balance:** Lavorare da casa o da qualsiasi luogo favorisce un migliore equilibrio tra vita privata e professionale. Ciò può anche tradursi in maggiore soddisfazione e produttività del personale.

4. **Condivisione Immediata delle Informazioni:** Le piattaforme di collaborazione consentono di rendere disponibili documenti, report o presentazioni a tutti i membri di un gruppo simultaneamente. Questo semplifica la diffusione delle informazioni e garantisce maggiore allineamento sugli obiettivi.

5. **Tracciabilità e Controllo delle Attività:** Molti strumenti permettono di vedere chi ha effettuato determinate modifiche, quando e perché, agevolando il controllo delle versioni e la responsabilità individuale.

6. **Scalabilità e Integrazione:** Molti servizi di collaborazione online si integrano con altri software e possono crescere in base alle esigenze dell'azienda o del gruppo di lavoro (ad esempio, passando da un piano gratuito a uno a pagamento con funzionalità avanzate).

7. Rischi Associati all'Uso di Strumenti di Collaborazione Online

Accanto ai vantaggi, è importante considerare i **rischi** potenziali:

1. **Accessi non Autorizzati e Sicurezza dei Dati:** La condivisione di file espone a tentativi di pirateria informatica. Un malintenzionato potrebbe accedere ai dati usando credenziali sottratte o tecniche di hacking.
2. **Gestione del Controllo di Versione:** Se non si imposta un sistema chiaro di controllo delle versioni, si rischia di lavorare su documenti obsoleti, perdendo le modifiche più recenti o sovrascrivendo contenuti importanti.
3. **Malware e Minacce Informatiche:** Con l'aumentare degli utenti e dei dispositivi coinvolti, cresce la possibilità di diffondere virus o malware. Tuttavia, molte piattaforme di collaborazione integrano sistemi antivirus e controlli che impediscono l'upload di file potenzialmente pericolosi.
4. **Furto di Dati e Identità:** Gli account degli utenti possono essere compromessi e i dati personali rubati. Tali informazioni potrebbero essere utilizzate per attività illecite (phishing, frodi, ecc.).
5. **Dipendenza dalla Connettività:** La collaborazione online è strettamente legata a una connessione Internet stabile. Interruzioni del servizio, blackout o disservizi del provider impediscono il normale svolgimento delle attività.
6. **Disattenzione degli Utenti:** In molti casi, i problemi di sicurezza derivano da un uso non

attento delle credenziali o dall'apertura di file sospetti. La formazione e la consapevolezza degli utenti sono quindi essenziali.

---

8. Diritto d'autore e Uso dei Contenuti

Il **Copyright** (simboleggiato da ©) tutela i diritti di proprietà intellettuale e impedisce la riproduzione non autorizzata di opere come libri, musica, film e software. Nel contesto della collaborazione online, occorre fare particolare attenzione a:

1. **Licenze d'Uso dei Software:** Chi utilizza un software è considerato "licenziatario" e può impiegare il programma solo alle condizioni stabilite dal proprietario della licenza.
2. **Condivisione di Documenti Protetti:** Prima di condividere un file (documento, immagine, video) in un ambiente di collaborazione, è necessario verificarne la **regolarità d'uso**. Se l'opera è coperta da copyright, occorre il permesso dell'autore o del detentore dei diritti.
3. **Attribuzione delle Fonti:** In molti casi, è obbligatorio citare la fonte di un contenuto. Questo vale sia per materiali testuali sia per immagini o video.
4. **Riservatezza delle Persone Riconoscibili:** La legge richiede un'autorizzazione esplicita per la condivisione di foto o video in cui compaiono persone identificabili. Se si tratta di minori, è necessaria l'approvazione dei genitori.

Nel lavoro collaborativo, quindi, diventa fondamentale formare gli utenti su come rispettare il Copyright e su come gestire in modo corretto la condivisione di contenuti.

---

9. Cloud Computing e Collaborazione

Il **cloud computing** è l'insieme di tecnologie che permettono di accedere a risorse (applicazioni, spazi di memorizzazione, servizi di calcolo) attraverso Internet. A differenza del server tradizionale, il cloud si basa su una **rete di server** distribuiti, spesso localizzati in diversi centri dati in tutto il mondo.

9.1 Come Funziona

- **Accesso da Qualsiasi Dispositivo**: è sufficiente avere un browser web o un'app dedicata e una connessione Internet.
- **Potenza di Calcolo in Rete**: i software e i dati risiedono su server remoti. Ciò significa che, anche utilizzando un dispositivo poco potente, si possono svolgere operazioni complesse grazie alle risorse fornite dal cloud.
- **Esempio Pratico**: un professionista può usare un tablet economico per connettersi a un software di grafica ad alte prestazioni disponibile nel cloud, senza dover installare nulla in locale.

9.2 Origine del Termine

La parola "cloud" (nuvola) deriva dalla simbologia usata in informatica per rappresentare Internet, spesso raffigurato con una nuvoletta. Il concetto richiama l'idea che le risorse siano "ovunque", in una nuvola di server e servizi accessibili in remoto.

I sistemi cloud estendono le potenzialità di Internet, offrendo agli utenti la possibilità di:

- Eseguire applicazioni complesse (dall'elaborazione dati alla creazione di ambienti di sviluppo).
- Archiviare grandi quantità di informazioni (dati aziendali, foto, video).
- Condividere in tempo reale documenti e progetti con altri utenti.

Gli utenti non hanno in genere il controllo diretto dell'infrastruttura hardware e software sottostante (gestita dal fornitore del servizio), ma possono concentrarsi sul lavoro e sulla produttività.

---

10. Vantaggi del Cloud Computing

Il cloud computing offre importanti vantaggi, che si riflettono positivamente anche sulla collaborazione online:

1. **Flessibilità e Scalabilità:** È possibile aumentare o diminuire le risorse (spazio di archiviazione, potenza di calcolo) in base alle esigenze, senza dover acquistare nuovo hardware.
2. **Risparmio di Costi:** Non è necessario investire in server costosi o in infrastrutture IT complesse. Spesso si paga solo per le risorse effettivamente utilizzate.
3. **Accessibilità Remota e Mobilità:** L'utente può accedere ai propri dati e alle applicazioni da

qualsiasi luogo e con qualsiasi dispositivo connesso a Internet, favorendo il lavoro a distanza e la collaborazione globale.

4. **Sicurezza dei Dati e Affidabilità:** I fornitori di servizi cloud implementano standard di sicurezza avanzati (crittografia, backup automatici, monitoraggio costante). Inoltre, in caso di guasto di un server, altri server subentrano senza interrompere il servizio.

5. **Aggiornamenti Automatici:** Le piattaforme cloud gestiscono gli aggiornamenti software in autonomia, liberando gli utenti dall'onere di installare patch o nuove versioni sui propri dispositivi.

6. **Innovazione Tecnologica e Agilità:** Le aziende possono adottare rapidamente nuove soluzioni (intelligenza artificiale, analisi dei big data, strumenti di sviluppo) messe a disposizione dai fornitori di cloud, rimanendo competitive in un mercato in rapida evoluzione.

---

11. Svantaggi del Cloud Computing

Nonostante i numerosi benefici, è importante valutare anche i **rischi** e gli aspetti negativi:

1. **Sicurezza e Privacy:** Affidare i propri dati a un fornitore esterno significa dipendere dalle sue misure di sicurezza. Una violazione dei server cloud può esporre informazioni sensibili.

2. **Dipendenza dai Fornitori:** Se il fornitore modifica le politiche di prezzo o subisce interruzioni del servizio, l'azienda cliente ne risente in modo significativo. Il fenomeno è noto come "vendor lock-in".

3. **Connessione Internet Necessaria:** Senza una connessione affidabile, non è possibile accedere alle risorse nel cloud. Ciò rende l'azienda vulnerabile a eventuali problemi di rete.
4. **Personalizzazione Limitata:** Le soluzioni cloud, specie quelle standardizzate, potrebbero non adattarsi perfettamente a esigenze molto specifiche, limitando la personalizzazione.
5. **Costi a Lungo Termine:** Sebbene il modello pay-per-use possa risultare vantaggioso all'inizio, se il consumo di risorse cresce, la spesa complessiva potrebbe aumentare sensibilmente.

Capitolo 2: Preparazione Per La Collaborazione Online

1. Collaborazione Online E Componenti Aggiuntivi

1.1 Il Ruolo Dei Componenti Aggiuntivi

Nel contesto della **collaborazione online**, spesso ci si trova ad utilizzare piattaforme e servizi web (come Google Workspace, Microsoft 365, Slack, Trello, ecc.). Questi ambienti offrono numerose funzionalità di base, come la condivisione di documenti, la messaggistica istantanea e la gestione delle attività di gruppo. Tuttavia, in alcune circostanze, può rendersi necessario installare **componenti software aggiuntivi**, noti come **plugin**, **estensioni** o **add-on**, per:

- **Ampliare** le funzionalità di un programma già installato (ad esempio, un browser web).
- **Integrare** servizi esterni, come strumenti di project management o applicazioni di grafica.
- **Personalizzare** l'esperienza d'uso, adattando l'ambiente di collaborazione alle esigenze specifiche di un singolo utente o di un intero team.

Esempio Pratico

- **Grammarly:** un'estensione del browser che aiuta a correggere in tempo reale ortografia e grammatica, utilissima quando si redigono documenti condivisi.
- **Trello for Chrome:** un plugin che permette di creare rapidamente task in Trello direttamente

dal browser, facilitando l'organizzazione del lavoro.

1.2 Applicazioni Installate Vs Plugin

È importante distinguere tra **applicazioni installate** e **plugin** (o estensioni):

1. **Applicazioni Installate**
   o Sono programmi completi che si scaricano e si installano sul proprio dispositivo (computer, smartphone, tablet).
   o Offrono un'interfaccia grafica completa, funzioni dedicate e la possibilità di lavorare in modo autonomo, anche senza browser.
   o Esempi: **Microsoft Teams, Slack, Zoom, Google Drive per desktop, Skype.**
2. **Plugin (Estensioni)**
   o Sono componenti aggiuntivi che estendono le funzioni di un software già esistente (ad esempio, un browser come Chrome o Firefox).
   o Possono essere installati o rimossi con facilità, spesso senza richiedere il riavvio del sistema.
   o Esempi: **Trello for Chrome, Miro** (per lavagne collaborative), **Asana for Chrome, Evernote Web Clipper.**

1.3 Quando Servono Le Applicazioni Installate

A volte, la semplice installazione di plugin non è sufficiente. Alcune piattaforme di collaborazione richiedono un **software dedicato:**

- **Piattaforme di videoconferenza** come Zoom, Microsoft Teams o Skype offrono la possibilità di usare versioni web, ma spesso per funzioni avanzate (condivisione schermo ad alte prestazioni, registrazione locale, virtual background) è consigliato installare l'applicazione completa.
- **Strumenti di produttività** come Microsoft Office o Adobe Creative Cloud, pur avendo versioni online, in certi casi necessitano del software installato per sfruttare appieno tutte le funzionalità (es. funzioni di editing avanzato, plugin di terze parti, salvataggio offline).

---

2. Apparati Usati A Supporto Della Comunicazione Online

2.1 Panoramica Degli Apparati Necessari

La collaborazione online non si basa soltanto sul software, ma anche su una serie di **dispositivi hardware** che facilitano la comunicazione:

1. **Webcam**
   - Necessaria per trasmettere il proprio video nelle videoconferenze.
   - I dispositivi mobili (smartphone, tablet, notebook) ne sono solitamente già dotati.
   - Nei computer fissi o nei portatili più datati, potrebbe essere necessario acquistare una webcam esterna, collegabile via USB.
2. **Microfono**

37

o Fondamentale per le chiamate vocali e le videoconferenze (VoIP).
o Anche in questo caso, smartphone e notebook ne hanno uno integrato, mentre per i PC desktop si può utilizzare un microfono esterno.

3. **Altoparlanti o Cuffie**
   o Permettono di ascoltare i suoni e le voci dei partecipanti a una riunione.
   o L'utilizzo di **cuffie** o **auricolari** (preferibilmente con microfono integrato) è consigliato per migliorare la qualità dell'audio ed evitare fastidiosi effetti di eco o rumori di fondo.

4. **Smartboard o Lavagna Interattiva**
   o Utili in contesti didattici o aziendali dove si desidera condividere e annotare contenuti in tempo reale.
   o Consentono di simulare l'esperienza di una lavagna fisica durante un meeting online.

2.2 Collaborazione Online Vs Conferenze Web

Sebbene la **collaborazione online** e le **conferenze web** possano sembrare sinonimi, in realtà coprono due concetti diversi:

- **Conferenze Web**: eventi o riunioni virtuali che si svolgono in tempo reale, con un inizio e una fine ben definiti.
- **Collaborazione Online**: un processo **continuo** di lavoro di gruppo, che può includere conferenze web, ma anche lo scambio di documenti, la condivisione di note, messaggi istantanei, calendari, ecc.

- Un team che utilizza **Microsoft Teams** per chattare e condividere file quotidianamente, si organizza anche per una riunione settimanale in videoconferenza (conferenza web). La collaborazione online, quindi, non si limita alla singola sessione di meeting, ma prosegue con lo scambio costante di informazioni e materiali.

---

3. Firewall E Collaborazione Online

3.1 Cos'è Un Firewall

Il **firewall** è un sistema di sicurezza che impedisce l'accesso non autorizzato a un dispositivo o a una rete. Può essere:

- **Software:** incluso in molti sistemi operativi (Windows, macOS, Linux) o installabile come applicazione di terze parti.
- **Hardware:** spesso integrato nei modem-router ADSL/fibra o presente come dispositivo dedicato nelle reti aziendali.

3.2 Restrizioni Che Possono Ostacolare La Collaborazione

Sebbene i firewall proteggano i dispositivi e le reti da minacce esterne, possono anche creare **restrizioni** che incidono sulla collaborazione online. Alcuni esempi:

1. **Blocco Delle Porte**

- Alcune applicazioni di collaborazione utilizzano porte di comunicazione specifiche (ad es. 80, 443, 8080, 5000-6000 per alcune soluzioni VoIP).
- Se il firewall blocca queste porte, l'applicazione non funziona correttamente.
- **Soluzione:** configurare il firewall per consentire il traffico in uscita e in entrata su tali porte.

2. Blocco Di Protocolli Specifici

- Alcuni servizi VoIP o di videoconferenza usano protocolli particolari (SIP, RTP, RTCP).
- Se tali protocolli sono bloccati, si possono verificare problemi di connessione o qualità audio/video.
- **Soluzione:** aggiungere eccezioni per i protocolli utilizzati dagli strumenti di collaborazione.

3. Blocco Di Siti Web O Applicazioni

- In certe reti aziendali o scolastiche, l'amministratore potrebbe limitare l'accesso a determinati siti o applicazioni.
- **Soluzione:** chiedere l'autorizzazione o l'aggiunta di tali servizi nella lista dei siti consentiti.

4. Problemi Audio/Video

- Un firewall mal configurato può ostacolare lo streaming di contenuti multimediali, causando ritardi o blocchi.
- **Soluzione:** verificare che le impostazioni del firewall permettano l'utilizzo di audio e video in tempo reale.

3.3 Best Practice Per La Configurazione

Per garantire che la collaborazione online non venga interrotta da restrizioni del firewall, è consigliabile:

- **Documentarsi** sulle porte e i protocolli utilizzati dalle applicazioni di collaborazione (ad esempio, consultando le FAQ o la guida ufficiale del software).
- **Creare Regole Di Eccezione** nel firewall, consentendo l'uso delle porte e dei protocolli necessari.
- **Verificare Periodicamente** i log del firewall per individuare eventuali tentativi di connessione bloccati in modo anomalo.

---

4. Scaricare Il Software Di Supporto Alla Collaborazione

4.1 Perché Scaricare Software Dedicato

Molte soluzioni di collaborazione offrono interfacce web, utilizzabili direttamente dal browser. Tuttavia, per funzioni avanzate o per garantire una migliore **stabilità** e **prestazioni**, è spesso preferibile installare il software dedicato sul proprio dispositivo.

4.2 Esempi Di Software Da Scaricare

1. **Applicazioni Per Le Telefonate VoIP**
   - **Skype:** tra le più diffuse e longeve, ora di proprietà Microsoft.

- WhatsApp: nata come app di messaggistica, offre anche chiamate e videochiamate.
- Zoom: specializzato in videoconferenze, con opzioni per webinar e meeting su larga scala.
- Viber, Discord, Line: alternative popolari in diverse aree geografiche, ognuna con funzioni specifiche.

2. Software Per La Messaggistica Istantanea (IM)
   - Facebook Messenger: integrato con il social network, permette chat e chiamate video.
   - Telegram: noto per la sicurezza e la velocità, include funzioni di chiamata vocale.
   - Slack: orientato al lavoro di team, con canali tematici e integrazione con altre app.

3. Software Per La Condivisione Documenti
   - Google Drive (parte di Google Workspace): accessibile via web, ma esiste anche un client desktop.
   - Microsoft OneDrive: integrato con Microsoft 365.
   - Dropbox: tra i primi servizi di cloud storage a diffondersi su larga scala.
   - Mega: offre crittografia end-to-end e generoso spazio gratuito.

4.3 Procedura Generale Di Download

Sebbene ogni applicazione possa avere passaggi di installazione leggermente diversi, esiste uno schema comune:

1. **Accedere Al Sito Ufficiale**

- o Evitare siti di terze parti non affidabili.
- o Cercare la sezione "Download" o "Scarica" (in inglese "Download" o "Get the app").

2. **Scegliere La Versione Adatta**
   - o Verificare la compatibilità con il proprio sistema operativo (Windows, macOS, Linux, iOS, Android).
   - o Controllare i requisiti di sistema (RAM, spazio su disco, versione minima dell'OS).

3. **Eseguire Il File Di Installazione**
   - o Seguire le istruzioni a schermo (spesso in formato "Avanti > Accetto > Installa").
   - o Concedere i permessi necessari (ad esempio, se richiesto dal Controllo Account Utente su Windows).

4. **Configurare Il Programma**
   - o Al primo avvio, potrebbe essere necessario inserire le proprie **credenziali** (nome utente, password) o creare un **account** se non lo si possiede già.

Esempio: Installare Skype

1. Collegarsi a www.skype.com.
2. Cliccare su **"Scarica Skype"** nella homepage.
3. Scegliere la versione per il proprio sistema operativo.
4. Una volta scaricato il file, avviarlo e seguire le istruzioni di installazione.
5. Al termine, aprire Skype, inserire un account Microsoft esistente o crearne uno nuovo.

5. Impostare Un Account Per Uno Strumento Di Collaborazione

5.1 Importanza Dell'Account

Quando si parla di **collaborazione online**, l'account è l'elemento che **identifica** l'utente all'interno del sistema. A seconda del fornitore del servizio (Google, Microsoft, Slack, Zoom, ecc.), la procedura di creazione account può variare leggermente, ma generalmente richiede:

- **Indirizzo E-mail** (o numero di telefono, in alcuni casi).
- **Password** sicura.
- Dati personali minimi (nome, cognome, data di nascita).

5.2 Esempio: Creare Un Account Google

1. Collegarsi alla pagina di registrazione (ad es. https://accounts.google.com/).
2. Compilare il form con nome, cognome, nome utente desiderato e password.
3. Fornire eventuali informazioni aggiuntive richieste (numero di telefono per il recupero password, e-mail secondaria, ecc.).
4. Accettare i termini e le condizioni.
5. Al termine, si ottiene un **account Google** che dà accesso a Gmail, Google Drive, Google Docs, Google Meet e altri servizi.

- **Utilizzare Password Complesse:** includere lettere maiuscole, minuscole, numeri e simboli.
- **Attivare L'Autenticazione A Due Fattori (2FA):** per aggiungere un livello di protezione extra.
- **Non Condividere Le Credenziali:** anche se si lavora in team, ogni membro deve avere il proprio account personale.

---

6. Disattivare Un Account Per Uno Strumento Di Collaborazione

6.1 Motivi Per La Disattivazione

Può capitare di non voler più utilizzare un determinato servizio o di voler **cancellare i propri dati** da una piattaforma. Alcune ragioni comuni includono:

- **Cambiamento Di Strumento:** l'azienda o il team decide di passare a un altro servizio.
- **Riduzione Dei Costi:** l'abbonamento al servizio non è più sostenibile o necessario.
- **Preoccupazioni Sulla Privacy:** l'utente preferisce eliminare i propri dati da un fornitore di servizi.

6.2 Procedura Generale Di Disattivazione

1. **Accedere Alle Impostazioni Dell'Account:** nella maggior parte delle piattaforme è presente un'area dedicata (es. "Profilo", "Impostazioni personali", "Gestione account").

2. **Cercare L'Opzione "Disattiva" O "Elimina Account"**: potrebbe essere posizionata in fondo alla pagina o in una sezione separata di "Sicurezza" o "Privacy".
3. **Confermare L'Operazione**: spesso viene richiesta una **conferma** per evitare cancellazioni accidentali. In alcuni casi, il provider può inviare un link di verifica via e-mail.
4. **Gestire I Dati Residui**: verificare se è possibile esportare i dati (chat, documenti, contatti) prima della disattivazione definitiva.

Esempio: Chiusura Di Un Account Google

1. Accedere al proprio account (accounts.google.com).
2. Entrare in "Gestione account" o "Dati e privacy".
3. Selezionare "Elimina un servizio o il tuo account".
4. Seguire le istruzioni a schermo per la **chiusura definitiva** dell'account, dopo aver eventualmente scaricato tutti i file da Google Drive o altri servizi correlati.

Capitolo 3: L'Utilizzo Dello Spazio Disco Online

1. Introduzione Alle Soluzioni Di Memoria Di Massa Online

L'espressione **"memoria di massa online"** (in inglese "online storage" o "cloud storage") indica uno spazio di archiviazione su server remoti, accessibile tramite Internet. Questi server sono gestiti da **provider** specializzati che offrono servizi di diversa capienza e con diverse formule contrattuali (gratuito, a consumo, abbonamento mensile o annuale, piani per aziende, ecc.).

1.1 Concetto Di Spazio Di Archiviazione Online

- **Accesso Remoto**: L'utente può raggiungere i propri file da qualsiasi luogo e dispositivo (PC, smartphone, tablet) purché connesso a Internet.
- **Scalabilità**: Lo spazio a disposizione può crescere o diminuire in base alle esigenze (in particolare per le aziende).
- **Flessibilità**: Molti provider offrono **piani gratuiti** con capienza limitata e piani a pagamento che sbloccano funzioni extra (maggiore spazio, strumenti di collaborazione avanzati, versioning più esteso, ecc.).

1.2 Esempi Di Servizi Diffusi

- **Google Drive** (Google)
- **OneDrive** (Microsoft)
- **Dropbox**
- **iCloud** (Apple)
- **Amazon Cloud Drive** (Amazon)
- **Mega** (noto per la crittografia end-to-end)

Ciascuno di questi servizi offre interfacce diverse, ma i principi di base (caricamento, condivisione, sincronizzazione) restano simili.

1.3 Migliori Cloud Storage: Confronto Rapido

1. **Google Drive**
   - **Vantaggi**: integrazione con Gmail, Google Docs, Sheets, Slides. Generoso spazio gratuito iniziale (15 GB).
   - **Svantaggi**: lo spazio è condiviso con altri servizi Google (Gmail, Google Foto).
2. **OneDrive**
   - **Vantaggi**: integrazione con Microsoft Office (Word, Excel, PowerPoint) e Windows 10/11.
   - **Svantaggi**: piano gratuito più limitato rispetto a Google Drive (5 GB).
3. **Dropbox**
   - **Vantaggi**: interfaccia semplice, sincronizzazione rapida e stabile.
   - **Svantaggi**: piano gratuito di base (2 GB) tra i più ridotti.
4. **iCloud**
   - **Vantaggi**: ottimo per utenti Apple (macOS, iOS). Perfetta integrazione con i dispositivi della mela.

- o **Svantaggi**: meno intuitivo per chi usa Windows/Android.
5. **Mega**
   - o **Vantaggi**: crittografia end-to-end, generoso spazio gratuito (fino a 20 GB).
   - o **Svantaggi**: occasionali limiti di larghezza di banda.

---

2. Limitazioni Delle Memorie Di Massa Online

Sebbene i servizi di cloud storage offrano numerosi vantaggi (flessibilità, accessibilità, collaborazione), esistono alcune **limitazioni** che è bene considerare:

2.1 Spazio Di Archiviazione Limitato

- I piani gratuiti dispongono di una quantità di GB limitata. Per chi necessita di molto spazio (fotografi, videomaker, aziende con grandi database), è spesso necessario sottoscrivere un abbonamento a pagamento.
- **Esempio**: Dropbox offre 2 GB gratuiti, Google Drive 15 GB, OneDrive 5 GB. Se si superano questi limiti, occorre acquistare ulteriore spazio.

2.2 Possibili Interruzioni Di Servizio

- **Problemi Del Provider**: anche le grandi aziende possono avere downtime (manutenzione o guasti).
- **Sospensione Per Inattività**: alcuni provider potrebbero disattivare o cancellare lo spazio se l'utente non effettua l'accesso per un lungo periodo.

- Sebbene lo spazio sia "privato" di default, la **condivisione** di file e cartelle deve essere configurata in modo appropriato.
- Non tutti i provider offrono le stesse **opzioni di permesso** (visualizzazione, modifica, commento, ecc.).

2.4 Formati Di File E Restrizioni

- In genere, i servizi di cloud storage non impongono limiti sui **formati** (documenti, immagini, video, archivi compressi, ecc.).
- Tuttavia, possono esistere limiti di **dimensione massima** per singolo file (ad esempio 2 GB, 5 GB, ecc., a seconda del servizio).

---

3. Caricare File E Cartelle Online

Per **caricare** (upload) file e cartelle su uno spazio di archiviazione online, occorre:

1. **Creare O Accedere A Un Account**: Ad esempio, su Google Drive, occorre un account Google.
2. **Utilizzare L'Interfaccia Web O L'App Dedicata**:
   - **Interfaccia Web**: ci si collega al sito (ad es. drive.google.com) e si effettua il login.
   - **Applicazione Desktop O Mobile**: spesso i provider offrono un client che sincronizza automaticamente i file presenti in una cartella del tuo computer o smartphone.

1. **Login:** andare su drive.google.com, inserire nome utente e password Google.
2. **Pulsante "Nuovo":** in alto a sinistra, fare clic su **"Nuovo"**.
3. **Caricare File O Cartella:** selezionare **"Caricamento di file"** o **"Caricamento di cartella"**.
4. **Selezione File:** dalla finestra di dialogo, scegliere il file/cartella sul proprio disco locale e confermare con **"Apri"**.
5. **Attendere Il Completamento:** comparirà una barra di avanzamento. Al termine, il file apparirà nella lista dei documenti.

Consiglio Pratico

- Per **file di grandi dimensioni**, la velocità di upload dipende dalla connessione Internet (in particolare dall'upload rate). Assicurarsi di avere una connessione stabile prima di caricare file molto pesanti.

---

4. Scaricare File E Cartelle Online

Scaricare (download) un file o una cartella dal cloud significa trasferirlo dal server remoto al proprio dispositivo locale. Le procedure variano leggermente a seconda del servizio, ma in linea generale:

1. **Selezionare Il File:** nella dashboard o interfaccia web del servizio (ad es. Google Drive, Dropbox).

2. **Menu Contestuale**: clic con il tasto destro sul file o cartella.
3. **Opzione "Scarica"**: in Google Drive, la voce è spesso "Scarica" (oppure "Download").

- **Login** su drive.google.com.
- **Tasto Destro** sul file desiderato.
- **Scarica**: appare nel menu a tendina (penultima voce).
- **Salvataggio Locale**: il browser chiederà in quale cartella salvare il file sul proprio computer.

Nota Sulla Cartella Compressa

- Se si scarica un'intera cartella, il servizio potrebbe **comprimerla** in un file .zip (o .rar). Per accedere al contenuto, bisogna poi **estrarre** i file sul computer.

---

5. Eliminare File E Cartelle

La **rimozione** di file e cartelle dal cloud è fondamentale per gestire lo spazio e mantenere l'archivio ordinato.

5.1 Procedura Di Eliminazione

- **Selezionare L'Elemento**: clic singolo o clic destro sul file/cartella.

- **Cestino**: la maggior parte dei servizi cloud prevede un pulsante o un'icona del cestino (ad es. Google Drive: "Rimuovi").
- **Conferma**: alcuni servizi chiedono una conferma esplicita (ad es. "Spostare nel cestino?").

5.2 Recupero Dal Cestino

- In Google Drive, i file eliminati finiscono in una cartella chiamata **"Cestino"** (o "Trash"). Da lì, è possibile **ripristinarli** o **eliminarli definitivamente**.
- Dropbox ha una sezione simile chiamata **"File eliminati"**.

Esempio Pratico

- Su Google Drive, selezionare il file nel cestino, cliccare su **"Ripristina"** per rimetterlo nella posizione originaria oppure **"Elimina definitivamente"** per rimuoverlo in modo permanente.

---

6. Accedere Ad Applicazioni Di Produttività Sul Web

Uno dei maggiori vantaggi dello spazio disco online è la possibilità di **utilizzare applicazioni di produttività** direttamente dal browser, senza installare software sul proprio computer. Queste app consentono di:

- **Creare documenti di testo** (ad es. Google Docs).

- **Elaborare fogli di calcolo** (ad es. Google Sheets).
- **Preparare presentazioni** (ad es. Google Slides).

- **Niente Installazione:** basta un browser e una connessione Internet.
- **Collaborazione In Tempo Reale:** più utenti possono modificare contemporaneamente lo stesso file.
- **Formati Specifici:** ad es. i documenti creati con Google Docs sono in un formato proprietario (poi convertibile in DOCX, ODF, PDF, ecc.).

- **Google Docs:** elaboratore di testi.
- **Google Sheets:** fogli di calcolo.
- **Google Slides:** presentazioni.
- **Microsoft Office Online:** versione web di Word, Excel, PowerPoint.
- **Zoho Office Suite:** un'altra suite online con diverse funzioni.

---

7. Caratteristiche Delle Applicazioni Basate Sul Web

Le **applicazioni di produttività basate sul web** offrono una serie di funzionalità che rendono l'esperienza di lavoro più fluida e integrata:

1. **Accessibilità Da Qualsiasi Dispositivo:** È sufficiente avere un browser e una connessione Internet.
2. **Suite Integrate:** Spesso includono elaboratore di testo, foglio di calcolo, presentazioni, calendario, email.
3. **Collaborazione In Tempo Reale:** Più utenti possono lavorare sullo stesso documento contemporaneamente, vedendo in diretta le modifiche degli altri.
4. **Archiviazione Cloud:** I file sono salvati automaticamente nel cloud, riducendo il rischio di perdita dati.
5. **Sincronizzazione Automatica:** Le modifiche vengono propagate a tutti i dispositivi collegati allo stesso account.
6. **Aggiornamenti Automatici:** L'utente non deve preoccuparsi di installare patch o nuove versioni.
7. **Notifiche E Promemoria:** Possibilità di ricevere alert per scadenze, appuntamenti, modifiche di documenti condivisi.
8. **Interfaccia: Intuitiva:** Generalmente progettate per essere user-friendly, anche per chi non ha grandi competenze tecniche.
9. **Sicurezza:** Utilizzo di protocolli HTTPS, crittografia dei dati, autenticazione a due fattori (2FA) e altri meccanismi di protezione.
10. **Scalabilità:** Progettate per gestire un elevato numero di utenti senza rallentamenti significativi.

---

8. Creare, Modificare E Salvare File Online

La creazione di un file in un'applicazione web è molto simile all'apertura di un programma desktop, con la differenza che tutto avviene nel browser.

8.1 Creare Un Nuovo Documento

- **Google Drive:** clic su **"Nuovo"** → **"Documenti Google"** (o Fogli, Presentazioni).
- **OneDrive:** clic su **"Nuovo"** → **"Word Online"**, **"Excel Online"**, ecc.

8.2 Modifica In Tempo Reale

- Una volta aperto il documento, è possibile digitare testo, inserire immagini, formule (nei fogli di calcolo), creare diapositive, ecc.
- **Le modifiche vengono salvate automaticamente** (ad es. Google Docs mostra spesso la scritta "Tutte le modifiche sono state salvate su Drive" nella barra superiore).

8.3 Salvataggio E Formati

- In Google Docs, il salvataggio è continuo e automatico.
- Per **esportare** un documento in un formato diverso (DOCX, PDF, ODT), basta andare su **"File"** → **"Scarica come"** e selezionare il formato desiderato.

Esempio Pratico

- Creare un foglio di calcolo in Google Sheets per tracciare le spese di un progetto. Aggiungere colonne per "Data", "Voce di spesa", "Importo", ecc. Man mano che si inseriscono i dati, il file viene salvato nel proprio Google Drive, pronto per essere aperto su qualsiasi altro dispositivo.

---

9. Condividere Un File

La **condivisione** è uno degli aspetti centrali del cloud. Un file condiviso può essere consultato e (se autorizzato) modificato da altri utenti.

9.1 Procedura Generale

1. **Aprire Il File** da condividere.
2. **Pulsante "Condividi"**: in Google Docs, si trova in alto a destra. In altri servizi, potrebbe essere etichettato come "Share" o "Invita".
3. **Impostare I Permessi:**
   o **Solo Visualizzazione**: l'utente può leggere il contenuto ma non modificarlo.
   o **Commento**: l'utente può aggiungere commenti, ma non alterare il testo.
   o **Modifica**: l'utente può apportare cambiamenti al file.

9.2 Condivisione Tramite Link

- In molti servizi, è possibile generare un **link** (URL) da inviare via email, chat o social network.
- Chi possiede il link, se non diversamente specificato, può accedere al file secondo i permessi impostati.

9.3 Esempio Con Google Docs

1. **Comando "Condividi"**.
2. Inserire gli **indirizzi email** delle persone da invitare o selezionare "Chiunque abbia il link".
3. Scegliere i permessi (visualizzatore, commentatore, editor).

4. Confermare con **"Fine"**.

---

10. Condividere Una Cartella

Oltre ai singoli file, è possibile **condividere un'intera cartella**. Questo permette ai collaboratori di accedere a tutti i file al suo interno, senza dover condividere ogni elemento singolarmente.

10.1 Vantaggi

- **Organizzazione:** si può creare una cartella di progetto e aggiungere documenti, immagini, fogli di calcolo. Chi ha accesso alla cartella, vede tutti i contenuti.
- **Permessi Coerenti:** le impostazioni di condivisione si applicano a tutti i file nella cartella (anche quelli aggiunti in un secondo momento).

10.2 Esempio Pratico

- In Google Drive, clic destro sulla cartella → **"Condividi"**.
- Impostare gli utenti o il link di condivisione, definendo se possono modificare, solo visualizzare, ecc.
- Tutti i documenti creati o caricati in quella cartella erediteranno i permessi della cartella stessa.

---

11. Trasferire La Proprietà Di Un File O Di Una Cartella

Quando si **crea** un documento o si carica un file sul cloud, si è di default **proprietari** di quell'elemento. Tuttavia, può sorgere l'esigenza di **trasferire** la proprietà a qualcun altro (ad es. in ambito aziendale, se un collaboratore lascia il gruppo).

11.1 Procedura Di Trasferimento

1. **Condividere Il File** con la persona che diventerà il nuovo proprietario.
2. **Aprire Le Impostazioni Di Condivisione**: nelle suite cloud, solitamente c'è un elenco a discesa (menu) accanto al nome di ogni collaboratore.
3. **Impostare "È Il Proprietario"**: selezionare la voce che trasferisce la proprietà.
4. **Salvare Le Modifiche.**

11.2 Conseguenze Del Trasferimento

- Il proprietario originario **perde** alcuni diritti (ad es. rimuovere collaboratori, cambiare la visibilità del file, eliminarlo definitivamente).
- Il nuovo proprietario diventa responsabile del file e può a sua volta modificarne i permessi.

---

12. Eliminare Una Condivisione

Può capitare di dover **revocare** l'accesso a un file o a una cartella precedentemente condivisi. In questo caso:

1. **Aprire Le Impostazioni Di Condivisione** (in Google Docs, clic su "Condividi" in alto a destra).
2. **Rimuovere I Collaboratori:** cliccare sulla "X" accanto al nome della persona da rimuovere.
3. **Confermare:** cliccare su "Salva" o "Fine".

Se si è condiviso tramite link pubblico, è possibile:

- **Disattivare Il Link** o
- **Cambiare** i permessi da "Chiunque abbia il link" a un elenco di utenti specifici.

---

13. Visualizzare E Ripristinare Versioni Precedenti Di Un File

Uno dei grandi vantaggi del cloud è la **cronologia delle revisioni**. Ogni volta che un utente modifica un documento, il sistema può salvare una **versione** di quel file, consentendo di tornare a uno stato precedente.

13.1 Cronologia Delle Revisioni

- In **Google Docs**, la funzione si chiama "Cronologia delle versioni" (o "Cronologia revisioni").
- In **Microsoft OneDrive/Office Online**, è disponibile una sezione simile per i documenti di Word, Excel, PowerPoint.

13.2 Ripristino Di Una Versione

1. **Aprire Il Documento.**

2. **Menu "File"** → "Cronologia delle revisioni" (Google Docs).
3. **Selezionare La Versione Desiderata:** comparirà un elenco di timestamp e autori delle modifiche.
4. **Clic Su "Ripristina Questa Revisione":** il documento tornerà allo stato precedente.

13.3 Utilità Pratica

- **Correggere Errori:** se un collaboratore ha cancellato accidentalmente sezioni importanti, è possibile recuperarle.
- **Gestione Evolutiva:** in progetti di lunga durata, la cronologia permette di tracciare i cambiamenti nel tempo.

Capitolo 4: L'Utilizzo Dei Calendari Online

1. Introduzione Ai Calendari Online

I **calendari online** rappresentano uno strumento indispensabile per organizzare e gestire al meglio le attività quotidiane, sia in ambito personale sia professionale. Rispetto ai calendari cartacei, questi servizi offrono funzioni avanzate di:

- **Condivisione**: possibilità di far visualizzare i propri impegni a colleghi, amici o familiari.
- **Modifica E Collaborazione**: più persone possono intervenire sugli eventi (se autorizzate), creando e aggiornando appuntamenti in tempo reale.
- **Promemoria**: notifiche via email o popup che ricordano scadenze, riunioni o appuntamenti importanti.
- **Integrazione Con Altri Servizi**: sincronizzazione con smartphone, tablet, PC, applicazioni di videoconferenza, piattaforme di project management e così via.

Le piattaforme più comuni includono **Google Calendar**, **Microsoft Outlook Calendar**, **Apple Calendar (iCloud)**, oltre a numerose altre soluzioni specializzate. In questo capitolo, gli esempi pratici si baseranno in prevalenza su **Google Calendar,** ma i concetti fondamentali si applicano in modo analogo ad altri servizi.

2. Condividere Un Calendario Concedendo Permessi Di Visione O Modifica

2.1 Perché Condividere Un Calendario

Condividere un calendario è utile in contesti di lavoro di gruppo, progetti scolastici, gestione di attività familiari o pianificazione di eventi con amici. Gli utenti autorizzati possono:

- **Visualizzare** gli eventi in tempo reale.
- **Modificare** gli appuntamenti (se hanno permessi adeguati).
- **Aggiungere** nuove attività o **cancellare** quelle non più necessarie.

2.2 Procedura Con Google Calendar

1. **Accedere A Google Calendar**
   - Collegarsi a calendar.google.com con il proprio account Google.
   - In alternativa, dalla home page di Google, cliccare sul pulsante "App Google" (l'icona con i nove quadratini) e selezionare "Calendar".
2. **Selezionare Il Calendario Da Condividere**
   - Nella colonna di sinistra, sotto la sezione "I miei calendari", individuare il calendario desiderato.
   - Cliccare sull'icona **"Opzioni"** (tre puntini verticali) accanto al nome del calendario.
3. **Impostazioni E Condivisione**
   - Dal menu a tendina, scegliere **"Impostazioni e condivisione"**.

- Scorrere la pagina fino a trovare la sezione **"Condividi con persone specifiche"**.
4. **Aggiungere Persone**
   - Fare clic su **"Aggiungi persone"**.
   - Inserire l'indirizzo email della persona (o delle persone) con cui condividere il calendario.
   - Se l'indirizzo non è nella rubrica, si può digitare manualmente.
   - Selezionare i **permessi**:
     - **Vedere solo se disponibile/occupato**: l'utente vede gli orari ma non i dettagli.
     - **Vedere tutti i dettagli dell'evento**: l'utente vede titolo, orari e descrizione.
     - **Apportare modifiche agli eventi**: può modificare o creare eventi.
     - **Apportare modifiche e gestire opzioni di condivisione**: poteri massimi, può ricondividere o cambiare le impostazioni.
5. **Confermare**
   - Clic su **"Invia"**.
   - L'utente invitato riceverà una notifica via email e, accettando, vedrà il calendario condiviso nella propria sezione **"Altri calendari"**.

2.3 Condivisione Pubblica

- Nella sezione **"Autorizzazioni all'accesso"**, è possibile rendere il calendario **pubblico** (chiunque disponga del link può visualizzarlo) o ottenere un **link condivisibile**.

- Utile, ad esempio, per chi vuole pubblicare un calendario di eventi sul proprio sito web o blog.

---

3. Nascondere E Mostrare Calendari Condivisi

3.1 Visualizzare Più Calendari Sovrapposti

Uno dei vantaggi dei calendari online è la possibilità di **sovrapporre** più calendari (personali, lavorativi, di altri collaboratori) per avere una visione d'insieme degli impegni.

3.2 Nascondere Un Calendario

- Nella colonna di sinistra di Google Calendar, sotto **"Altri calendari"**, si trovano i calendari condivisi.
- Per **nascondere** un calendario dalla visualizzazione, è sufficiente **togliere** la spunta dalla casella accanto al suo nome. In questo modo, gli eventi di quel calendario non verranno più mostrati nella griglia.

3.3 Mostrare Nuovamente Un Calendario

- Per **mostrare** un calendario precedentemente nascosto, **basta rimettere** la spunta.
- Questa operazione non elimina il calendario: ne modifica solo la **visibilità** nella propria interfaccia.

- Un project manager potrebbe avere 5 calendari di diversi team. In un dato momento, può decidere di nascondere 3 calendari per concentrarsi sugli impegni di un singolo gruppo, riducendo la complessità visiva.

---

4. Creare Un Evento In Un Calendario Condiviso

4.1 Dove Si Trova Il Pulsante "Crea Evento"

In Google Calendar (versione desktop), il pulsante **"Crea"** si trova in alto a sinistra. Su dispositivi mobili (smartphone o tablet), l'icona "+" per creare un evento è in basso a destra.

4.2 Procedura Di Creazione

1. **Selezionare Il Calendario**: se si gestiscono più calendari, scegliere quello corretto (ad es. cliccando sul nome nella colonna sinistra o selezionandolo durante la creazione).
2. **Clic Su "Crea"**: compare un pannello dove inserire i dettagli dell'evento.
3. **Inserire Titolo, Data E Orario**: è consigliabile inserire un titolo descrittivo.
4. **Opzionalmente, Aggiungere:**
   o **Luogo** (es. un indirizzo o un link di videoconferenza).
   o **Descrizione** (note, obiettivi dell'incontro, agenda).
   o **Notifiche** (popup o email di promemoria).

5. **Scegliere Il Calendario**: in Google Calendar, c'è un menu a discesa con il nome del calendario dove salvare l'evento.
6. **Salvare**: clic su **"Salva"**. L'evento apparirà nel calendario selezionato.

---

5. Creare Un Evento Ripetuto

5.1 Cosa Sono Gli Eventi Ricorrenti

Gli **eventi ripetuti** (o ricorrenti) sono appuntamenti che si svolgono con una certa regolarità: giornaliera, settimanale, mensile, annuale. Esempi tipici:

- Riunione settimanale di team (ogni lunedì alle 9:00).
- Lezione universitaria che si ripete ogni mercoledì.
- Compleanni e anniversari annuali.

5.2 Come Impostare Un Evento Ricorrente

1. **Creare Un Nuovo Evento** o **modificare** un evento esistente.
2. **Opzione Di Ripetizione**: nella finestra di creazione/modifica, cercare la voce **"Non si ripete"** (o "Ripeti") e selezionare la frequenza desiderata (es. settimanale, mensile).
3. **Personalizzare La Ricorrenza:**
   o È possibile impostare una fine della ripetizione (es. "termina dopo 10 occorrenze" o "termina il 30 giugno").

o Si possono configurare eccezioni (es. "salta un appuntamento durante le vacanze").

5.3 Modifiche A Eventi Ricorrenti

- Se si cambia orario o si cancella un singolo appuntamento in una serie, il calendario chiede se **applicare la modifica solo all'evento selezionato** o a tutta la serie.

---

6. Impostare Un Promemoria Per Un Evento

6.1 Importanza Dei Promemoria

I **promemoria** aiutano a non dimenticare scadenze, riunioni o appuntamenti. In Google Calendar, è possibile scegliere tra:

- **Notifica Email:** l'utente riceve un'email un certo numero di minuti/ore/giorni prima dell'evento.
- **Popup/Notifica Push:** appare una finestra di avviso sullo schermo (sul PC o sullo smartphone).

6.2 Procedura

1. **Creare O Aprire Un Evento.**
2. **Sezione "Notifiche" O "Promemoria":** in Google Calendar, spesso compare come voce separata o all'interno dei dettagli dell'evento.
3. **Impostare Tempo E Modalità:** ad esempio, "1 giorno prima" come email, "30 minuti prima" come popup.

4. **Salvare Le Modifiche.**

- Un utente imposta un promemoria email 24 ore prima di una riunione e un popup 30 minuti prima. In questo modo, si riceve un avviso il giorno precedente (per prepararsi) e un avviso immediato poco prima dell'inizio.

---

7. Invitare Persone O Risorse A Un Evento

7.1 Creazione O Modifica Evento

Dopo aver creato un evento (o mentre lo si crea), è possibile **aggiungere invitati** o risorse.

7.2 Sezione "Invitati"

- In Google Calendar, la voce è spesso **"Aggiungi invitati"**.
- Digitare gli indirizzi email delle persone da invitare. Se presenti in rubrica, verranno suggerite automaticamente.

7.3 Risorse

- Alcune organizzazioni configurano risorse come **sale riunioni** o **dispositivi** (es. proiettori) nel proprio sistema Google Workspace o Microsoft 365.

- Se l'amministratore ha abilitato questa funzione, è possibile **prenotare** tali risorse selezionandole durante la creazione dell'evento.

- Una volta cliccato su **"Salva"**, Google Calendar (o il servizio in uso) chiede **"Desideri inviare inviti?"**.
- Cliccando su **"Invia"**, le persone riceveranno un'email con la richiesta di partecipazione.

---

8. Annullare Un Invito

8.1 Rimuovere Un Invitato Da Un Evento

Se si decide di **revocare** l'invito a una persona (o se è stato inserito l'indirizzo sbagliato):

1. **Aprire L'Evento.**
2. Nella sezione **"Invitati"**, cliccare sulla **"X"** accanto al nome della persona.
3. Il sistema chiederà se inviare una **mail di revoca**.

8.2 Buone Pratiche

- Se l'evento è stato annullato, è buona norma **informare** gli invitati con un messaggio, in modo che non si presentino inutilmente.
- Google Calendar spesso propone di **inviare una notifica** automatica a tutti gli interessati.

---

9. Accettare O Rifiutare Un Invito

9.1 Ricezione Dell'Invito

Gli invitati ricevono una **email** con i dettagli dell'evento (data, ora, luogo, descrizione).

- Se si usa Gmail, spesso compare un pulsante "Sì", "No", "Forse" direttamente nel messaggio.

9.2 Risposta Dal Calendario

- In Google Calendar, l'evento appare come **"invitato"**.
- Aprendo l'evento, è possibile scegliere **"Parteciperò", "Non Parteciperò" o "Forse"**.

9.3 Aggiornamento Automatico

- La risposta viene comunicata al **creatore dell'evento**, che può così vedere chi ha accettato o rifiutato.
- In un contesto aziendale, ciò facilita l'organizzazione di sale riunioni e risorse.

---

10. Eliminare Un Evento

10.1 Motivi Per Eliminare Un Evento

- L'appuntamento è stato annullato.
- È stato creato per errore o duplicato.

1. **Selezionare L'Evento** nel calendario.
2. **Cliccare Su "Elimina"** (icona cestino o voce corrispondente).
3. **Conferma:** Google Calendar può chiedere se **"Eliminare e notificare gli invitati?"**. Scegliere se avvisare i partecipanti.

10.3 Effetto Sulla Serie

- Se l'evento fa parte di una serie ricorrente, verrà chiesto se eliminare solo **l'occorrenza selezionata** o **l'intera serie**.

---

11. Modificare Un Evento Esistente

11.1 Aggiornare Data, Orario O Dettagli

- **Aprire L'Evento** cliccando su di esso.
- **Modificare** le voci desiderate (titolo, orario, descrizione, luogo).
- **Salvare** le modifiche.

11.2 Notifica Ai Partecipanti

- Se l'evento è condiviso o ha invitati, Google Calendar propone di **inviare aggiornamenti** (opzionale).
- È buona prassi avvisare i partecipanti di cambiamenti importanti (es. orario, sala, link di videoconferenza).

- Come per l'eliminazione, si può scegliere se applicare la modifica alla singola istanza o a tutta la serie.

---

12. Altri Strumenti E Funzionalità Avanzate

12.1 Integrazione Con Altre Piattaforme

- **Google Meet / Zoom**: aggiungere direttamente il link di videoconferenza in un evento.
- **Slack / Microsoft Teams**: inviare notifiche di nuovi eventi o modifiche a un canale di lavoro.

12.2 Visualizzazioni Personalizzate

- Giornaliera, settimanale, mensile, visualizzazione a **elenco** (Agenda).
- Filtri per mostrare solo alcuni tipi di evento (es. solo le riunioni di progetto).

12.3 Sincronizzazione Con Dispositivi Mobili

- Installare l'app **Google Calendar** (Android/iOS) o configurare l'account Google/Exchange su dispositivi Apple.
- Tutti gli eventi vengono sincronizzati automaticamente.

- Google Calendar può **importare** calendari di festività nazionali o internazionali, compleanni dai contatti, e così via.

---

13. Consigli Pratici E Best Practice

1. **Nomenclatura Chiara:** dare titoli comprensibili agli eventi (es. "Riunione Progetto X" invece di "Riunione").
2. **Usare La Descrizione:** inserire agenda, obiettivi e materiali richiesti per l'evento.
3. **Permessi Adeguati:** non dare permessi di modifica a troppi utenti se non necessario. Eviterete cancellazioni o modifiche accidentali.
4. **Promemoria Multipli:** impostare più di un promemoria se l'evento è cruciale.
5. **Gestione Delle Risorse:** in ambito aziendale, prenotare per tempo sale riunioni o dispositivi.
6. **Colore Personalizzato:** assegnare un colore diverso a ogni calendario per identificare rapidamente gli eventi a colpo d'occhio.

74

Capitolo 5: Social Media

1. Introduzione Ai Media Sociali

Con l'espressione **"media sociali"** si fa riferimento a tutti quegli strumenti o piattaforme che consentono la **comunicazione** e la **condivisione** di contenuti tra gruppi di persone. Rispetto ai canali tradizionali (come la televisione o la carta stampata), i media sociali si caratterizzano per la **partecipazione attiva** degli utenti, che possono:

- Creare e condividere contenuti (testi, immagini, video, documenti).

- Commentare, modificare e discutere i contenuti creati da altri.

- Collaborare su progetti comuni, attraverso funzioni di messaggistica, forum, wiki o bacheche virtuali.

La **collaborazione online** è resa possibile proprio grazie alla **flessibilità** di questi strumenti, che abbattono le barriere geografiche e temporali. Piattaforme come **Facebook**, **Instagram**, **Twitter** **(ora X)**, **LinkedIn**, **YouTube**, **Flickr**, **Wikipedia**, ecc. rappresentano esempi noti di media sociali, ognuno con specifiche funzioni e modalità d'uso.

---

2. Identificare Gli Strumenti Di Media Sociali Che Supportano La Collaborazione Online

I media sociali possono assumere diverse forme e finalità. Di seguito, una breve panoramica delle tipologie più diffuse:

1. **Reti Sociali (Social Network)**

   - **Facebook, Instagram, LinkedIn, MySpace (storico)**, ecc.

   - Mettono in comunicazione gli utenti tramite profili personali, post, messaggistica istantanea e gruppi tematici.

   - Favoriscono la collaborazione online

attraverso la condivisione di notizie, foto, video e discussioni di gruppo.

2. Wiki

- o Siti web in cui gli utenti possono **pubblicare e aggiornare** informazioni in modo collaborativo.

- o **Wikipedia** è l'esempio più famoso, ma esistono altre piattaforme come **MediaWiki, GitHub Wiki**, ecc.

- o Ideali per progetti di documentazione condivisa o per la creazione di contenuti formativi.

3. Forum E Gruppi

- o Piattaforme dove gli utenti possono **porre domande** e **fornire risposte**.

- o Spesso sono specializzati su temi specifici (informatica, sport, hobby, ecc.).

- o Favoriscono la collaborazione e la condivisione di competenze tra appassionati.

4. Blog

- Blogger, WordPress, Medium, ecc.

- Gli autori (blogger) pubblicano articoli, e i lettori possono **commentare** e **discutere**.

- La collaborazione avviene attraverso feedback, suggerimenti e contributi dei lettori.

5. Micro Blog

- **Twitter (X)** è l'esempio più famoso, basato su messaggi brevi (un tempo limitati a 140 caratteri).

- Consente la condivisione veloce di notizie e aggiornamenti in tempo reale.

6. Comunità Di Condivisione Contenuti

- **YouTube** (video), **Flickr** (foto), **SoundCloud** (audio), ecc.

- Gli utenti caricano i propri contenuti multimediali e li condividono con la community.

- I commenti e le interazioni permettono

una forma di collaborazione e discussione tra i membri.

Ogni strumento ha dinamiche proprie, ma tutti offrono opportunità di **lavoro di squadra, scambio di idee** e **costruzione di conoscenza** in rete.

---

3. Impostare Le Opzioni Di Privacy

Uno degli aspetti fondamentali nell'uso dei media sociali è la **gestione della privacy**. Condividere contenuti senza le dovute cautele può esporre dati personali e informazioni sensibili.

3.1 Personalizzare La Visibilità Dei Contenuti

- Molte piattaforme permettono di decidere **chi può vedere** i post (tutti, solo amici, liste specifiche di contatti, ecc.).

- **Esempio:** su Facebook, si può impostare il livello di privacy di un singolo post ("Pubblico", "Amici", "Solo io", "Amici tranne...", "Liste personalizzate").

3.2 Impostazioni Generali Del Profilo

- Ogni rete sociale dispone di un'area **Impostazioni** (o "Settings") dove è possibile definire le **regole generali** di visibilità.

- **Esempio:** in Facebook, si accede a **Account → Impostazioni e privacy**. Qui si può stabilire se il proprio profilo è visibile nei motori di ricerca, chi può inviarti richieste di amicizia, chi può vedere la lista amici, ecc.

3.3 Permessi Specifici Per Post Singoli

- Anche se si imposta un livello di privacy generale, si può modificare la **visibilità** di un singolo post.

- **Esempio:** se il profilo è di default impostato su "Amici", è possibile rendere un determinato post "Pubblico" per consentire la massima diffusione.

3.4 Privacy Nei Forum E Nei Gruppi

- Molti forum e gruppi prevedono l'**accesso riservato** solo agli utenti registrati.

- Alcuni consentono la lettura pubblica, ma la scrittura dei messaggi è limitata ai membri.

4. Impostare E Modificare I Permessi

Oltre alla privacy personale, nei media sociali è possibile stabilire **permessi** per singoli collaboratori o utenti:

1. Amministratori Di Gruppo

- o In un gruppo Facebook o LinkedIn, un amministratore può **approvare post**, **moderare** i commenti, **aggiungere o rimuovere membri**.

2. Editor

- o In alcune piattaforme (es. pagine Facebook o blog condivisi), un editor può **pubblicare contenuti** ma non ha il controllo sulle impostazioni generali.

3. Commentatori

- o Alcuni siti permettono di abilitare/disabilitare i commenti per specifici utenti o ruoli.

Esempio Pratico

81

- In un **gruppo Facebook** dedicato a un progetto, l'amministratore può assegnare il ruolo di "moderatore" a un membro fidato, consentendogli di **approvare i nuovi post** e **controllare i contenuti.**

- In un **wiki** come Wikipedia, gli utenti di base possono modificare i testi, ma alcuni utenti (amministratori) hanno permessi aggiuntivi (blocco di pagine, cancellazione immediata, ecc.).

---

5. Trovare, Collegarsi E Gestire Le Connessioni Con Gli Utenti

5.1 Trovare Un Utente O Un Gruppo

- I social media dispongono di **caselle di ricerca** (solitamente con icona a forma di lente). Digitando il nome di una persona, di un gruppo o di una pagina, il sistema mostrerà i risultati corrispondenti.

- **Esempio:** su Facebook, la barra di ricerca in alto consente di trovare **persone**, **pagine** o **gruppi**. Su LinkedIn, si possono usare filtri più avanzati (azienda, posizione lavorativa, città).

5.2 Collegarsi Con Un Utente

- Una volta individuata la persona, si clicca su **"Aggiungi"** (o "Aggiungi agli amici", "Follow", "Connetti") a seconda della piattaforma.

- Il sistema invia una notifica di **richiesta di collegamento:** se l'utente accetta, la connessione è stabilita.

5.3 Suggerimenti Di Contatto

- I social media spesso suggeriscono possibili contatti in base alle **amicizie in comune** o agli **interessi.**

- **Esempio:** Facebook mostra "Persone che potresti conoscere" e LinkedIn mostra "People you may know".

---

6. Eliminare Una Connessione Con Un Utente

6.1 Rimuovere Dagli Amici

- Se si decide di **non** voler più rimanere in

contatto con un utente, si può rimuoverlo dagli amici o dai contatti.

- **Esempio**: su Facebook, si apre il profilo della persona, si clicca su **"Amici"** e poi su **"Rimuovi dagli amici"**.

- L'utente non riceve una notifica esplicita, ma potrebbe accorgersene se visita il tuo profilo.

6.2 Bloccare O Segnalare

- In caso di comportamenti inappropriati o molestie, è possibile **bloccare** l'utente (non potrà più vedere il tuo profilo o inviarti messaggi).

- **Esempio**: Facebook, Instagram e altre piattaforme hanno un pulsante **"Blocca"** o **"Segnala"**.

- **Consiglio**: se un utente viola le regole della community (es. contenuti offensivi, spam), segnalare il profilo agli amministratori o al servizio di assistenza.

7. Usare Uno Strumento Di Media Sociale Per Pubblicare O Rispondere A Un Commento

7.1 Pubblicare Un Commento

- La funzione principale dei social network è **pubblicare contenuti** (testi, immagini, link).

- **Esempio**: su Facebook, nella home page, c'è la casella **"A cosa stai pensando?"** dove inserire il testo. Cliccando su "Pubblica", il post diventa visibile agli altri, in base alle impostazioni di privacy.

7.2 Rispondere A Un Commento

- Sotto ogni post, solitamente è presente un **campo** dove inserire la risposta o il commento.

- Su molte piattaforme (Facebook, YouTube, LinkedIn), è possibile **taggare** un utente scrivendo "@NomeUtente" per indirizzare il messaggio a una persona specifica.

7.3 Esempio Pratico

- Su un gruppo di Facebook dedicato a un corso online, un utente chiede informazioni su un compito. Un altro utente risponde commentando e, per assicurarsi che la domanda sia vista dal docente, digita **"@NomeDocente"**. Il docente riceve una notifica specifica e può intervenire.

---

8. Usare Uno Strumento Di Media Sociale Per Caricare Immagini O Video

8.1 Caricamento Di Immagini E Video

- I social media consentono di **allegare** foto o clip video ai post.

- **Esempio**: su Facebook, sotto la casella di testo c'è il pulsante **"Foto/Video"**. Cliccandolo, si apre una finestra per selezionare il file dal proprio dispositivo.

- Su Instagram, l'intero meccanismo si basa sulla condivisione di immagini e brevi video. Basta cliccare sul pulsante "+" (più) e scegliere la foto da caricare.

8.2 Condivisione Di File Di Grandi Dimensioni

- Alcuni social hanno limiti di dimensione (ad es. Facebook e Instagram riducono la risoluzione delle immagini).

86

- Per documenti o video pesanti, è spesso necessario **caricarli su uno spazio cloud** (Google Drive, Dropbox, ecc.) e condividere il link.

8.3 Esempio Pratico

- Un utente desidera pubblicare un breve video girato durante un evento. Se il file è troppo grande per la piattaforma, potrebbe caricarlo su YouTube e poi condividere il link su Facebook o Twitter.

---

9. Usare Uno Strumento Di Media Sociale Per Caricare Documenti

9.1 Caricamento Diretto

- Non tutti i social network supportano il **caricamento diretto di documenti** (PDF, file di testo, presentazioni).

- **Esempio:** LinkedIn consente di caricare documenti (come PDF o presentazioni) direttamente nel post. Altre piattaforme richiedono un workaround.

9.2 Condivisione Tramite Link

- Il metodo più comune è caricare il documento in un servizio di cloud storage (Google Drive, OneDrive, Dropbox, ecc.) e poi **incollare** il link nel post.

- Per farlo, si deve impostare la **visibilità** del file come "Pubblica" o "Chiunque abbia il link può visualizzare".

9.3 Esempio Con Google Drive

1. Caricare il file su **Google Drive**.

2. Clic con il tasto destro → **"Ottieni link condivisibile"**.

3. Copiare l'URL generato e incollarlo in un post (es. su Facebook o in un gruppo forum).

---

10. Eliminare Post Dai Media Sociali

10.1 Motivazioni

- Un contenuto potrebbe risultare **errato**, **inappropriato** o **obsoleto**.

- L'utente desidera **rimuovere** informazioni personali.

10.2 Procedura Su Facebook

1. Trovare il post da eliminare.

2. Cliccare sull'**icona dei tre puntini** in alto a destra.

3. Selezionare **"Elimina post (sposta nel cestino)"**.

4. Confermare l'operazione.

10.3 Avvertenze

- Anche se un post è eliminato dal proprio profilo, **altri utenti** potrebbero averlo già **condiviso** o **copiato**.

- Molte piattaforme **mantengono** nei propri server una copia dei contenuti, in base ai termini di servizio.

11. Possibilità Di Eliminare Definitivamente Post E Foto

11.1 Limiti Alla Cancellazione

- Alcune piattaforme (ad es. forum o wiki) non consentono la **cancellazione definitiva** dei contenuti da parte di utenti base, soprattutto se questi contenuti sono parte di discussioni pubbliche.

- Su Facebook e Instagram, la rimozione dal proprio profilo **non** garantisce che altre persone non abbiano salvato lo stesso contenuto.

11.2 Buone Pratiche

- **Evitare** di pubblicare contenuti troppo sensibili.

- **Verificare** le politiche di conservazione del servizio (Termini e condizioni).

- In alcuni casi, è possibile contattare l'**assistenza** per richiedere la rimozione definitiva.

12. Usare Un Wiki Per Aggiornare Un Argomento

12.1 Cos'è Un Wiki

Un **wiki** è un sito web collaborativo dove gli utenti possono **aggiungere**, **aggiornare** e **modificare** i contenuti. Il caso più noto è **Wikipedia**, l'enciclopedia online più grande al mondo.

12.2 Funzionamento Di Base

- Gli utenti visualizzano una **voce** (un articolo) e possono cliccare su **"Modifica wikitesto"** (o un pulsante analogo).

- Viene aperto un **editor di testo**, dove inserire correzioni o aggiungere informazioni.

- Cliccando su **"Salva modifiche"**, la nuova versione dell'articolo diventa visibile a tutti.

12.3 Controlli E Revisioni

- Altri utenti, se individuano errori, possono **correggere** o **annullare** le modifiche.

- La collaborazione online e la **revisione tra pari** riducono la diffusione di informazioni false, anche se non la annullano completamente.

- **Wikipedia**: se si nota un refuso in una voce, basta cliccare su "Modifica" e correggerlo. Al termine, si può aggiungere un breve commento riassuntivo del cambiamento (es. "Correzione ortografica").

- È anche possibile **creare nuove voci** se non esistono, purché l'argomento rispetti le linee guida dell'enciclopedia.

Capitolo 6: Le Riunioni Online

1. Introduzione Alle Riunioni Online

Le **riunioni online** (o videoconferenze) consentono a più persone di incontrarsi **virtualmente**, evitando gli spostamenti fisici e riducendo i costi di trasferta. Basta avere:

- Un **dispositivo** (computer, smartphone, tablet) connesso a Internet.

- Un **microfono** e, se si vuole utilizzare il video, una **webcam** (o fotocamera integrata).

- Un **software** o servizio web che gestisca la riunione (Google Meet, Zoom, Microsoft Teams, ecc.).

Questi strumenti sono particolarmente utili in ambito **professionale** (per riunioni di lavoro, colloqui, webinar) ma anche **educativo** (didattica a distanza) o **personale** (incontri familiari, gruppi di studio, ecc.). Le riunioni online offrono funzionalità quali:

- **Condivisione dello schermo** (desktop o singola finestra).

- **Chat integrata** per scambiare messaggi di testo.

- **Gestione dei partecipanti** (inviti, rimozione, blocco microfono, ecc.).

- **Condivisione di file** (caricati in anticipo o durante la riunione).

- **Opzioni audio e video** (attivare/disattivare microfono e webcam).

Nei paragrafi successivi vedremo in dettaglio come **avviare** un'applicazione di riunione online, **creare** un

evento pianificato, **invitare** partecipanti, **condividere**
risorse e **gestire** le principali funzionalità.

---

2. Aprire E Chiudere Un'Applicazione Di Riunione Online

L'**apertura** e la **chiusura** di un'applicazione di riunione
online dipendono dal software specifico. In generale:

1. **Installazione O Accesso Web**

   o Alcuni servizi, come **Google Meet**, non
     richiedono installazione su PC: basta
     aprire il sito meet.google.com o accedere
     tramite il menu delle **App Google**.

   o Altri servizi (ad es. **Zoom, Microsoft
     Teams**) possono essere usati via browser,
     ma spesso dispongono anche di
     un'applicazione dedicata da installare.

2. **Accesso Con Account**

   o Nella maggior parte dei casi, occorre
     effettuare il login con un account
     (Google, Microsoft, o un account specifico
     della piattaforma).

o In alcuni casi, i partecipanti possono **unirsi** a una riunione come ospiti, senza dover creare un account (dipende dalle impostazioni scelte dall'organizzatore).

3. **Chiusura Dell'Applicazione**

   o Per **uscire** dalla riunione, basta cliccare sull'icona della **cornetta rossa** (o pulsante "Abbandona riunione").

   o Se si utilizza un'app dedicata, è possibile chiuderla completamente con la classica **X** della finestra o dal menu **File → Esci**.

   o Su smartphone o tablet, basta premere il tasto **Indietro** o **Home** per chiudere l'app (in base al sistema operativo).

Esempio Pratico Con Google Meet

- **Avvio:** si apre il browser, si digita meet.google.com, si effettua l'accesso con il proprio **account Google**.

- **Chiusura:** una volta terminata la riunione, cliccare sull'icona **Termina chiamata** (cornetta rossa). Per chiudere il browser, basta chiudere la scheda o la finestra.

---

3. Creare Una Riunione Online Pianificata E Annullare La Riunione

Le piattaforme di videoconferenza consentono di **pianificare** una riunione a un orario e una data specifici. Ciò è particolarmente utile per inviare **inviti** e **link di partecipazione** con largo anticipo.

3.1 Creazione Di Una Riunione Pianificata (Google Meet + Google Calendar)

1. **Aprire Google Calendar:** dal browser o dal menu delle App Google.

2. **Creare Un Evento:** cliccare su **"Crea"** (in alto a sinistra) o direttamente sul giorno/orario desiderato.

3. **Aggiungere Titolo, Data, Ora:** specificare il nome dell'evento (es. "Riunione di progetto"), la data e la fascia oraria.

4. **Aggiungere Videoconferenza:** cliccare su **"Aggiungi videoconferenza di Google Meet"**. Viene generato un **link** univoco.

5. **Salvare E Invitare**: aggiungere i partecipanti (indirizzi email) e cliccare su **"Salva"**. Apparirà un messaggio che chiede di **inviare** gli inviti via email.

3.2 Annullare Una Riunione

- Per **annullare** la riunione, basta **aprire l'evento** in Google Calendar e cliccare su **"Elimina"**.

- Verrà chiesto se **notificare** i partecipanti dell'annullamento (opzione consigliata per informarli che la riunione non avrà luogo).

Esempio

- L'utente Mario crea una riunione per mercoledì alle 15:00, invitando 5 colleghi. Due giorni prima si accorge di un imprevisto e decide di annullare l'evento. Apre Google Calendar, seleziona l'evento, clicca su **"Elimina"** e sceglie **"Elimina e notifica invitati"**. I colleghi ricevono una mail automatica che comunica l'annullamento.

---

4. Invitare E Annullare L'Invito A Partecipanti

4.1 Invitare Partecipanti

- Una volta creata la riunione (o anche **durante** la riunione in corso), è possibile **aggiungere** persone:

  - **In Google Calendar**: aprire l'evento, digitare gli indirizzi email nella casella **"Aggiungi invitati"**, poi cliccare su **"Salva"** e **"Invia"**.

  - **In Google Meet** (durante la riunione): si può cliccare su **"Aggiungi persone"** (icona partecipanti) e inserire gli indirizzi email.

4.2 Annullare L'Invito

- Per **rimuovere** un invitato, si apre la lista dei partecipanti e si clicca sulla **X** accanto al nome.

- In Google Calendar, è sufficiente aprire l'evento, rimuovere l'indirizzo email e salvare. Viene chiesto se inviare una notifica di revoca.

4.3 Permessi Di Accesso

- L'organizzatore può decidere se i partecipanti hanno **diritti** di moderazione (possibilità di silenziare altri, rimuovere partecipanti) o se possono semplicemente unirsi e parlare.

- Alcune piattaforme offrono funzioni avanzate di **co-organizzatore** o **moderatore.**

---

5. Avviare E Concludere Una Riunione

5.1 Avvio Di Una Riunione

- **Riunione Immediata:** l'organizzatore sceglie "Avvia riunione adesso" (ad es. in Google Meet: **"Nuova riunione"** → **"Avvia una riunione immediata"**).

- **Riunione Pianificata:** all'ora stabilita, l'organizzatore e i partecipanti cliccano sul **link** generato in precedenza (es. nel Calendario o nella mail di invito).

Inserire Codice Riunione

- Se la piattaforma prevede un **codice** (o ID) della riunione, lo si digita nel campo "Inserisci codice riunione".

- L'organizzatore può anche **copiare** e **incollare** il link della riunione in una chat, email o messaggio.

- Per **terminare** la riunione, basta cliccare sull'icona di **fine chiamata** (solitamente una cornetta rossa).

- In alcune piattaforme, se l'organizzatore lascia la riunione, questa può rimanere aperta finché gli altri partecipanti non escono. In altre, la riunione termina per tutti.

---

6. Condividere E Bloccare La Condivisione Del Desktop

Una delle funzionalità più utili durante una riunione online è la **condivisione dello schermo** (o "Presenta ora" in Google Meet). Questo permette di mostrare ai partecipanti:

- **Diapositive** di una presentazione.

- **Documenti** o fogli di calcolo.

- **Applicazioni** in esecuzione.

- **Dimostrazioni** di software.

1. **Parte Bassa Dello Schermo:** clic su **"Presenta ora"**.

2. **Selezionare L'Area Di Condivisione:**

   o **Schermo intero** (se si hanno più monitor, scegliere quale).

   o **Finestra** specifica.

   o **Scheda Chrome** (se si vuole condividere una sola scheda del browser).

3. **Confermare:** una volta scelto, si clicca su **"Condividi"**. Gli altri vedranno il contenuto del tuo schermo.

6.2 Bloccare (Interrompere) La Condivisione

- Durante la condivisione, appare un messaggio tipo **"Stai presentando"**. Cliccandoci, si può selezionare **"Interrompi presentazione"** per **smettere** di condividere.

- In alcune piattaforme, anche l'organizzatore o i moderatori possono **bloccare** la condivisione di un partecipante (utile se qualcuno condivide contenuti non pertinenti).

---

7. Condividere E Rimuovere La Condivisione Di File In Una Riunione Online

7.1 Condivisione Di File Pre-Riunione

- Molte volte, i documenti da discutere si **allegano** all'evento del calendario (ad es. in Google Calendar, sezione **"Allegati"**).

- I partecipanti possono **scaricarli** prima o durante la riunione.

7.2 Condivisione in Corso Di Riunione

- Alcune piattaforme (come Zoom o Teams) offrono la funzione di **condivisione file** diretta in chat.

- Con Google Meet, non esiste un caricamento file "nativo" durante la riunione, ma si può **incollare** un link di Google Drive o altro servizio cloud nella chat.

- Se si tratta di un **allegato** in Google Calendar, basta **eliminarlo** dall'evento e, se necessario, rimuoverlo dal proprio cloud.

- Se il file fosse inviato in chat, i partecipanti potrebbero averlo già **scaricato**. Non sempre è possibile revocarne l'accesso in modo definitivo, a meno che si tratti di un link e si modifichino i permessi di condivisione nel cloud.

8. Usare Le Funzioni Di Chat Disponibili In Una Riunione Online

La **chat integrata** consente di inviare messaggi testuali durante la riunione, senza interrompere chi sta parlando. È utile per:

- **Porre domande** in modo ordinato.

- Condividere link o appunti **testuali.**

- **Comunicare** con un partecipante specifico (in alcune piattaforme esiste la chat privata).

103

8.1 Chat In Google Meet

- In alto a destra (o in basso, a seconda della versione), c'è l'icona della **Chat**.

- Cliccandola, si apre una **finestra laterale** dove scrivere il messaggio.

- Tutti i partecipanti (o solo alcuni, in base alle impostazioni) possono leggere i messaggi.

- Una volta terminata la riunione, di solito i messaggi **non** vengono salvati automaticamente (dipende dalla piattaforma).

8.2 Best Practice

- Usare la chat per **domande brevi**, link, note veloci.

- Evitare di scrivere **troppi** messaggi fuori contesto, per non distrarre gli altri partecipanti.

9. Usare Le Funzioni Audio E Video In Una Riunione Online

- In molte piattaforme, all'avvio della riunione, **microfono** e **webcam** sono **attivati** per impostazione predefinita.

- Se il dispositivo non avesse webcam o microfono, la piattaforma potrebbe avvisare che le periferiche non sono disponibili.

9.2 Attivare/Disattivare Microfono E Webcam

- Sono generalmente presenti **icone** (microfono e videocamera) nella barra inferiore o superiore.

- **Esempio**: in Google Meet, due pulsanti centrali consentono di disattivare (mute) o riattivare audio e video.

9.3 Gestione Del Rumore Di Fondo

- L'organizzatore (o i partecipanti stessi) può **disattivare** il microfono di un partecipante in caso di rumori molesti.

- Alcune piattaforme offrono funzioni di

soppressione del rumore (Teams, Zoom).

- **Usare cuffie** o auricolari per evitare l'effetto eco.

- **Spegnere il microfono** quando non si parla.

- **Controllare** la propria inquadratura e sfondo (molte piattaforme consentono di **sfocare** o **cambiare** lo sfondo).

Capitolo 7: La Formazione Online

1. Introduzione Alla Formazione A Distanza

La **formazione a distanza** è una modalità di apprendimento che si svolge senza la necessità di un contatto fisico diretto tra docente e studente. Conosciuta anche con i termini "Distance learning", "E-learning" o "Online learning", questa tipologia formativa ha acquisito grande rilevanza grazie allo sviluppo di:

- **Infrastrutture tecnologiche** (reti Internet ad alta velocità, dispositivi mobili).

- **Strumenti software** (piattaforme di apprendimento, videoconferenze, forum).

- **Materiali multimediali** (video-lezioni, dispense digitali, test interattivi).

1.1 Origine E Evoluzione

L'idea di apprendere a distanza ha radici antiche (si pensi ai corsi per corrispondenza del XIX secolo). Tuttavia, la **continua evoluzione tecnologica** ha portato nuove terminologie, a volte utilizzate in modo confuso:

- **Distance learning**: apprendimento che avviene in un luogo e (spesso) in un tempo diversi rispetto alla lezione.

- **Online learning**: apprendimento che richiede una **connessione Internet** e l'uso di piattaforme web.

- **E-learning**: utilizzo di **tecnologie multimediali** e di Internet per migliorare la qualità dell'apprendimento.

- **Blended learning**: un **mix** tra formazione a distanza e lezioni tradizionali in presenza.

- **Mobile learning**: apprendimento attraverso **dispositivi mobili** (smartphone, tablet), sfruttando il contesto immediato in cui si trova lo studente.

1.2 Vantaggi Della Formazione A Distanza

- **Flessibilità**: lo studente può scegliere **tempi** e **luoghi** di studio.

- **Accessibilità**: anche chi vive lontano dai centri di formazione può usufruire di corsi di alta qualità.

- **Personalizzazione**: molti corsi consentono di modulare i contenuti in base alle esigenze e ai ritmi di apprendimento del singolo.

- **Riduzione Dei Costi**: abbattendo le spese di trasporto e logistica.

1.3 Sfide E Criticità

- **Coinvolgimento**: mantenere alta la motivazione dello studente richiede metodologie didattiche adeguate.

- **Qualità** dei materiali: i contenuti multimediali devono essere aggiornati e validati.

- **Competenze Digitali**: sia docenti che studenti devono possedere abilità nell'uso degli strumenti informatici.

---

2. Ambienti Di Apprendimento Online

Gli **ambienti di apprendimento online** (detti anche VLE, Virtual Learning Environments) sono le piattaforme o i sistemi software che ospitano i corsi, i materiali e gli strumenti di interazione.

2.1 Struttura Generale

1. **Area Docente**: spazio in cui l'insegnante carica i materiali didattici, organizza il calendario, prepara quiz e attività.

2. **Area Studente**: sezione in cui gli studenti trovano le lezioni, svolgono test, partecipano ai forum, consegnano compiti.

3. **Strumenti Di Comunicazione**: forum, chat, bacheca annunci, e-mail interna, videoconferenze.

4. **Gestione Del Corso**: sezioni dedicate all'organizzazione delle unità didattiche, alle date di scadenza, alle valutazioni.

2.2 LMS (Learning Management System)

Un **LMS** (Learning Management System) è un software che permette di gestire in modo integrato l'intero processo formativo online, comprendendo:

- **Iscrizioni** e gestione utenti.

- **Preparazione Lezioni** e strutturazione del materiale didattico.

- **Tracciamento** delle attività degli studenti (log di accesso, tempo di fruizione, risultati dei test).

- **Verifiche** (quiz, esami online) e **rilascio certificazioni**.

Esempi Di LMS

- **Moodle**: open source, ampiamente utilizzato in scuole, università e aziende.

- **Blackboard**: diffuso soprattutto nel mondo anglosassone.

- **Google Classroom**: integrato con i servizi Google (Drive, Meet, Docs, ecc.).

---

3. Caratteristiche E Funzioni Disponibili In Un Ambiente Di Apprendimento Online

Un ambiente di apprendimento online, sia esso un LMS completo o una combinazione di strumenti (forum, videoconferenze, repository di file), mette a disposizione diverse **funzionalità**:

1. **Calendario**

o Tiene traccia delle date critiche (esami, scadenze, lezioni in diretta).

o Aiuta gli studenti a pianificare lo studio.

2. Bacheca

o Elenca informazioni chiave per la classe (annunci, comunicazioni importanti).

o Spesso compare in evidenza nella homepage del corso.

3. Chat

o Permette lo scambio di messaggi di testo **in tempo reale**.

o Utile per chiarimenti veloci o attività di brainstorming tra studenti.

4. Forum

o Spazio di discussione asincrona, dove gli utenti possono **porre domande** e **rispondere** in qualunque momento.

o Permette la condivisione di riflessioni, dubbi, soluzioni a problemi proposti dal docente.

112

5. Wiki O Strumenti Di Collaborazione

o Permettono agli studenti di lavorare insieme alla **stesura di documenti** o alla costruzione di contenuti (ad es. glossari condivisi).

6. Verifiche E Valutazioni

o **Quiz**, test intermedi e finali, compiti caricati online.

o Sistema di **registrazione** dei voti (portfolio) a cui studenti e docenti possono accedere per monitorare i progressi.

7. Materiali Multimediali

o Dispense in PDF, presentazioni PowerPoint, video-lezioni, audio, link esterni a risorse utili.

o Possibilità di **scaricare** o consultare i contenuti direttamente dalla piattaforma.

4. Accedere A Un Corso In Un Ambiente Di Apprendimento Online

Per usufruire delle funzionalità di un ambiente di apprendimento, è necessario **accedervi** con le proprie **credenziali** (username e password).

4.1 Registrazione

- In molti casi, occorre **registrarsi** al sito dell'istituzione o alla piattaforma (ad es. Moodle).

- Alcune piattaforme prevedono l'autenticazione tramite **account Google** o **Microsoft** per semplificare l'accesso.

4.2 Login E Scelta Del Corso

- Una volta effettuato il login, l'utente vede l'elenco dei corsi a cui è **iscritto**.

- Cliccando sul nome del corso, si entra nella **home page** del corso, dove sono visibili i **moduli**, le **unità didattiche** e le **attività** disponibili.

4.3 Esempio Pratico: Moodle Sandbox

- Moodle mette a disposizione un'area **Demo** o

Sandbox (moodle.org/demo) dove è possibile accedere con credenziali generiche (admin/sandbox, teacher/sandbox, student/sandbox) per **testare** le funzionalità della piattaforma.

- In questa modalità, si può provare a creare lezioni (come docente), visualizzare materiali (come studente) o configurare impostazioni (come amministratore).

---

5. Caricare Un File In Un Ambiente Di Apprendimento Online

Nei corsi online, gli studenti e i docenti spesso **caricano file** (upload) per:

- Condividere dispense, presentazioni, video, esercizi.

- Inviare elaborati o compiti (nel caso degli studenti).

- Mettere a disposizione progetti e documenti di gruppo.

115

5.1 Procedura Generale Di Caricamento

1. **Accedere** alla piattaforma e selezionare il corso di riferimento.

2. Individuare la **sezione** o l'**attività** (ad es. "Carica un file" o "Consegna compito").

3. Cliccare sul pulsante **"Carica"** (o "Upload file") o trascinare direttamente il file nel **riquadro** apposito (drag & drop).

4. Se richiesto, inserire una **breve descrizione** (titolo, note per il docente).

5. Confermare cliccando su **"Trasferisci questo file"** o **"Salva"**.

5.2 Esempio Con Moodle

- Dopo aver effettuato l'accesso, si sceglie il **corso**.

- Nella sezione "Materiali" o "Compiti" si clicca su **"Aggiungi un'attività o una risorsa"** (se si è docenti) o su **"Carica il tuo elaborato"** (se si è studenti).

- Si apre la finestra di **caricamento**: si clicca su

"**Sfoglia...**" e si seleziona il file dal computer.

- Si preme "**Trasferisci questo file**" e infine "**Salva**".

---

6. Scaricare Un File In Un Ambiente Di Apprendimento Online

Lo **scaricamento** (download) di file è altrettanto comune, soprattutto quando il docente mette a disposizione:

- **Slide** delle lezioni.

- **Dispense** in formato PDF o Word.

- **Video** e **materiali multimediali**.

- **Esercizi** e **progetti** da completare.

6.1 Procedura Generale Di Scaricamento

1. **Accedere** alla piattaforma.

2. Selezionare il **corso** e cercare il file desiderato (spesso contrassegnato da un'icona che indica il tipo di file).

3. Cliccare sul **link** del file:

   o Se il browser è configurato per **aprire** quel tipo di file (ad es. PDF), potrebbe comparire direttamente in una nuova scheda.

   o In alternativa, apparirà una finestra che chiede se **"Salvare"** o **"Aprire con"** un'applicazione specifica.

6.2 Considerazioni Pratiche

- Alcuni file possono essere **protetti** o richiedere permessi speciali.

- Se la piattaforma consente l'**anteprima** (es. Google Drive integrato), si può visualizzare il documento prima di scaricarlo.

---

7. Usare Un'Attività Di Un Corso

Le **attività** all'interno di un corso online possono essere di vario tipo: quiz, forum, compiti, sondaggi, wiki, chat, ecc. Vediamo due esempi comuni.

7.1 Partecipare A Un Quiz

1. **Accedere** alla piattaforma e scegliere il **corso**.

2. Individuare il **quiz** (può chiamarsi "Verifica" o "Test").

3. Cliccare su **"Inizia il quiz"**.

4. Rispondere alle domande (vero/falso, scelta multipla, risposta aperta).

5. Al termine, cliccare su **"Invia le risposte e termina"**.

6. In molti casi, si riceve **immediatamente** il punteggio e le eventuali correzioni.

7.2 Partecipare A Un Forum

1. **Accedere** al corso e selezionare la sezione "Forum" o "Discussioni".

2. Visualizzare gli **argomenti** esistenti (thread).

3. Cliccare su **"Rispondi"** per inserire un nuovo messaggio o su **"Aggiungi un nuovo argomento"** per creare una nuova discussione.

4. Scrivere il proprio testo, eventualmente **allegare**

file o link.

5. Confermare cliccando su **"Invia"** o **"Pubblica"**.

---

8. Principali Forme Di Formazione Online

Dopo aver visto le funzionalità dei corsi online, è utile ricapitolare le **forme** in cui la formazione a distanza può manifestarsi:

1. **Distance Learning**

   o Può svolgersi in modo **sincrono** (lezioni in diretta) o **asincrono** (materiali disponibili in differita).

   o Spesso si avvale di piattaforme web o di materiali inviati via e-mail.

2. **Online Learning**

   o Sottolinea la necessità di una **connessione Internet** costante.

   o Abilita l'accesso a contenuti aggiornati e a forme di interazione (forum, chat).

3. **E-Learning**

o Fa riferimento all'uso di **tecnologie multimediali** (video, audio, animazioni).

o L'interattività è un aspetto centrale, così come la possibilità di monitorare i progressi dello studente.

4. Blended Learning

o Combina momenti di **lezione frontale** (in presenza) con attività **online** (forum, quiz, esercitazioni).

o Ideale per integrare i vantaggi dell'aula tradizionale con la **flessibilità** dell'online.

5. Mobile Learning

o Sfrutta **smartphone** e **tablet** per fornire contenuti fruibili in **mobilità**.

o Spesso include app progettate per offrire informazioni contestuali (es. visite a musei, laboratori virtuali).

9. Esempi Pratici Di Piattaforme E-Learning

- **Open source**, molto diffuso in scuole e università.

- Offre **moduli** per gestire corsi, quiz, forum, chat, wiki, compiti.

- Ampia **personalizzazione**: grazie a plugin e temi, può essere adattato a contesti diversi.

- Integrato con **Google Workspace** (Drive, Docs, Meet).

- Semplice da usare, adatto a contesti scolastici e formativi di vario tipo.

- Permette di creare **classi virtuali**, assegnare compiti e valutare gli studenti.

- Molto utilizzato nelle università americane.

- Offre strumenti di **assessment**, analisi dei risultati, videoconferenze.

- Possibilità di **integrazione** con altre soluzioni e sistemi informativi di ateneo.

9.4 Microsoft Teams (Per L'Educazione)

- Oltre alle classiche funzionalità di chat e videoconferenza, consente di creare **classi virtuali**, condividere file e organizzare quiz.

- Integrato con le **applicazioni Office** (Word, Excel, PowerPoint) e OneDrive.

Capitolo 8: La Collaborazione In Mobilità

1. Tipi Di Dispositivi Mobili

Quando si parla di **dispositivi mobili**, ci si riferisce a tutte quelle apparecchiature portatili che permettono di connettersi a Internet, gestire comunicazioni e utilizzare applicazioni. I più comuni sono:

1. **Smartphone**: telefoni cellulari evoluti, dotati di schermo touch, fotocamera, sensori e sistemi operativi avanzati.

2. **Tablet**: dispositivi con schermi più grandi rispetto agli smartphone (di solito tra i 7 e i 12 pollici), ideali per la fruizione di contenuti multimediali e la produttività leggera.

3. **Smartwatch**: orologi intelligenti che, seppur con funzionalità più limitate, possono sincronizzarsi con lo smartphone per notifiche, messaggi, chiamate e applicazioni specifiche.

4. **E-Reader**: dispositivi specifici per la lettura di

ebook, come Kindle. Pur non essendo pensati principalmente per la collaborazione, possono comunque connettersi a Internet.

5. **Dispositivi Ibridi** (convertibili, 2-in-1): laptop che si trasformano in tablet (o viceversa), offrendo un compromesso tra portabilità e potenza di calcolo.

Esempio Pratico: Un professionista potrebbe usare uno smartphone per gestire la posta elettronica e le chat di lavoro, un tablet per revisionare documenti e uno smartwatch per ricevere notifiche immediate durante le riunioni.

---

2. Sistemi Operativi

I **sistemi operativi** (OS) per dispositivi mobili gestiscono l'hardware e le applicazioni, offrendo un'interfaccia utente intuitiva. I principali OS sono:

1. **Android** (Google)

   o Il più diffuso globalmente.

   o Ampia varietà di dispositivi prodotti da diverse aziende (Samsung, Huawei,

Xiaomi, ecc.).

- o Grande ecosistema di applicazioni tramite Google Play Store.

2. **iOS** (Apple)

- o Utilizzato esclusivamente sugli iPhone (e iPad, in una versione leggermente diversa chiamata iPadOS).

- o Integrazione profonda con l'ecosistema Apple (Mac, Apple Watch, iCloud).

3. **HarmonyOS** (Huawei)

- o Un sistema più recente, nato come alternativa ad Android, principalmente su dispositivi Huawei.

4. **Altri Sistemi** (meno diffusi)

- o Alcuni produttori hanno tentato soluzioni personalizzate (ad es. Windows Phone, ormai dismesso).

Esempio Pratico: Un utente che possiede un iPhone può sincronizzare in modo immediato contatti, calendario e note con un MacBook e un iPad, grazie all'ecosistema

Apple. Un utente Android, invece, può sfruttare i servizi Google (Gmail, Google Drive, Calendar) su dispositivi di marche diverse, mantenendo i dati sincronizzati tramite l'account Google.

---

3. Connessioni E Condivisione Su Dispositivi Mobili

La **collaborazione** in mobilità passa dalla capacità dei dispositivi di **connettersi** ad altre apparecchiature o reti. Vediamo due aspetti fondamentali:

3.1 Comprendere Il Termine Bluetooth E Il Suo Utilizzo

Bluetooth è uno standard di comunicazione wireless a corto raggio, utilizzato per:

- **Scambiare file** (foto, documenti) tra dispositivi vicini (smartphone, tablet, laptop).

- **Collegare periferiche** (cuffie, altoparlanti, tastiere, mouse).

- **Creare reti** tra dispositivi smart (smartwatch, fitness band).

Esempio Pratico: Per inviare rapidamente una foto da uno smartphone a un altro senza connessione Internet, è possibile attivare il Bluetooth su entrambi i dispositivi, effettuare l'associazione e trasferire il file.

3.2 Opzioni Di Connessione E Condivisione

Oltre al Bluetooth, i dispositivi mobili offrono:

1. **Wi-Fi**: per navigare in Internet, condividere file in rete locale, collegarsi a stampanti Wi-Fi.

2. **Hotspot** (Tethering): permette di condividere la connessione dati del proprio smartphone con altri dispositivi (ad es. trasformare il telefono in un router Wi-Fi).

3. **NFC (Near Field Communication)**: tecnologia a corto raggio usata per pagamenti contactless o scambio rapido di dati.

4. **AirDrop (Apple)**: condivisione di file tra dispositivi Apple nelle vicinanze, via Wi-Fi e Bluetooth.

4. Sicurezza Fondamentale Per I Dispositivi Mobili

La **sicurezza** è un aspetto cruciale quando si parla di collaborazione in mobilità:

1. **Protezione Del Dispositivo**

   o Uso di **PIN, password, impronte digitali** o **riconoscimento facciale.**

   o Blocco automatico dello schermo dopo un periodo di inattività.

2. **Aggiornamenti**

   o Mantenere il sistema operativo e le app **aggiornate** per risolvere eventuali vulnerabilità.

3. **Connessioni Sicure**

   o Evitare di trasmettere dati sensibili su reti Wi-Fi pubbliche non protette.

   o Usare **VPN** (Virtual Private Network) se si lavora con informazioni riservate.

4. **Antivirus E Antimalware**

   o Esistono app di sicurezza per dispositivi

mobili (soprattutto Android) che controllano e rimuovono eventuali minacce.

5. **Backup Dei Dati**

- o Utilizzare servizi cloud o memorie esterne per **salvare** contatti, foto, documenti, in modo da recuperarli in caso di furto o guasto del dispositivo.

Esempio Pratico: Un'azienda che fornisce smartphone ai propri dipendenti potrebbe installare un software di Mobile Device Management (MDM) per controllare le policy di sicurezza (blocco remoto in caso di smarrimento, cancellazione dei dati, ecc.).

---

5. Collegarsi A Internet Su Un Dispositivo Mobile

Per collaborare in mobilità, è essenziale disporre di una **connessione Internet**. Le modalità principali sono:

1. **Rete Dati Mobile (3G, 4G, 5G)**

- o Ogni smartphone dotato di SIM si connette automaticamente alla rete dell'operatore telefonico.

- La velocità dipende dal **segnale** e dallo **standard** (3G < 4G < 5G).

2. Wi-Fi

- Quando disponibile, ci si collega a una rete wireless (domestica, aziendale, hotspot pubblico).

- Soluzione spesso più veloce e senza limiti di traffico dati (dipende dal piano dell'ISP).

3. Ethernet Con Adattatori

- Alcuni tablet o smartphone, tramite adattatori USB, possono collegarsi via cavo Ethernet.

- Raro, ma utile in contesti con rete Wi-Fi instabile o non disponibile.

Esempio Pratico: Uno studente che segue lezioni online su un tablet potrà passare dal Wi-Fi di casa (veloce e stabile) alla rete dati mobile (meno stabile ma sempre disponibile) quando si sposta.

6. Utilizzare Il Dispositivo Mobile Per Ricercare Informazioni

I dispositivi mobili sono strumenti formidabili per **ricercare informazioni** in modo rapido:

1. Browser

- o App predefinite (Safari su iOS, Chrome su Android) o alternative (Firefox, Edge).

- o Supportano la navigazione web, la gestione di segnalibri, la sincronizzazione con altri dispositivi.

2. Motori Di Ricerca

- o Google, Bing, Yahoo.

- o Possibilità di fare ricerche vocali (ad es. "Ok Google, cerca un ristorante italiano vicino a me").

3. Applicazioni Di Riferimento

- o Wikipedia, enciclopedie, dizionari, traduttori (Google Translate, DeepL).

- o Consentono consultazioni rapide anche in

mobilità.

4. Assistenti Virtuali

- ○ Siri (iOS), Google Assistant (Android), Bixby (Samsung), Alexa (Amazon).

- ○ Permettono di **porre domande** a voce e ottenere risposte immediate.

Esempio Pratico: Un utente, mentre viaggia in treno, può consultare su Google Scholar articoli accademici, leggere abstract e salvare link nel proprio account per proseguire lo studio su un PC fisso una volta rientrato a casa.

---

7. Configurare E Gestire La Posta Elettronica

La **posta elettronica** rimane uno degli strumenti principali per la collaborazione professionale. Su smartphone e tablet, la gestione delle email è facilitata da app dedicate.

1. App Di Posta Integrate

- ○ iOS: "Mail".

○ Android: "Gmail" o "Email" a seconda del produttore.

2. Account

○ Configurazione di **POP3**, **IMAP** o **Exchange** (a seconda del servizio di posta).

○ Possibilità di aggiungere più account (ad es. Gmail personale, account aziendale Exchange, account iCloud).

3. Funzionalità

○ **Notifiche push**: ricezione istantanea di nuovi messaggi.

○ **Cartelle** (inbox, spam, bozze, inviate) sincronizzate con il server.

○ **Allegati**: apertura e salvataggio dei file ricevuti.

Esempio Pratico: Un responsabile di progetto riceve via email documenti e report. Grazie all'app di posta, può visualizzare i file in anteprima, rispondere rapidamente o inoltrarli al proprio team.

8. Aggiungere Contatti E Calendari

Per coordinare riunioni, eventi e scadenze, i dispositivi mobili integrano funzioni di **rubrica** e **calendario:**

1. Contatti

- o Possibilità di salvare numeri di telefono, email, indirizzi.

- o Sincronizzazione con account (Google, iCloud, Exchange).

- o Creazione di **gruppi** o **etichette** per organizzare i contatti (ad es. "Colleghi", "Famiglia").

2. Calendari

- o App di sistema (Calendar su Android, Calendario su iOS) o app di terze parti (Google Calendar, Outlook).

- o Aggiunta di **eventi**, impostazione di **promemoria**, condivisione di calendari con altri utenti.

- o Possibilità di **invitare partecipanti** (videoconferenze, meeting di lavoro) e

135

ricevere **conferme** di partecipazione.

Esempio Pratico: Un docente universitario potrebbe aggiungere le email di tutti gli studenti in un gruppo "Classe 2023" e creare eventi in calendario per le lezioni, impostando promemoria e link a Google Meet.

---

9. Configurare La Videoconferenza Su Un Dispositivo Mobile

Le app di **videoconferenza** consentono di partecipare a riunioni e lezioni in tempo reale, ovunque ci si trovi.

1. **App Principali**

   o Zoom, Google Meet, Microsoft Teams, Skype, Cisco Webex, ecc.

2. **Installazione E Accesso**

   o Scaricare l'app dallo store (Play Store o App Store).

   o Effettuare il **login** con l'account (Google, Microsoft, aziendale).

3. **Partecipazione A Una Riunione**

- o Inserire il **codice** o cliccare sul **link** di invito.

- o Consentire l'uso di **microfono** e **fotocamera**.

4. **Funzionalità**

- o Condivisione dello schermo anche da mobile.

- o Chat testuale e reazioni (alzare la mano, emoticon).

- o Registrazione dell'incontro (se consentito dall'organizzatore).

Esempio Pratico: Un team di sviluppo software lavora in remoto e si riunisce su Microsoft Teams. Un membro, in viaggio, usa l'app su smartphone per partecipare alla videoconferenza, condividendo lo schermo per mostrare un bug.

---

10. Applicazioni: Tipologie E Gestione

Le **applicazioni** (o **app**) sono il cuore funzionale di ogni dispositivo mobile. Permettono di estendere le capacità del sistema operativo in infiniti ambiti.

10.1 App E AppStore

- **App**: programmi dedicati a specifiche funzioni (messaggistica, social media, fotoritocco, gestione di documenti, ecc.).

- **AppStore (iOS)** e **Google Play Store (Android)**: i negozi virtuali dove si trovano app **gratuite** o **a pagamento**.

- **Altri Store** (Huawei AppGallery, Amazon Appstore): alternative a Google Play Store, specie su dispositivi non certificati Google.

10.2 Cercare E Installare Un'Applicazione

1. **Aprire Lo Store** (ad es. Play Store su Android).

2. **Ricerca**: digitare il nome dell'app o una parola chiave (es. "calendario condiviso").

3. **Selezionare L'App**: verificare le valutazioni, le recensioni e le autorizzazioni richieste.

4. **Cliccare Su "Installa"**: l'app verrà scaricata e installata automaticamente.

Esempio Pratico: Un manager cerca "Trello" per

gestire i progetti del team, legge le recensioni positive e lo installa sullo smartphone per monitorare le attività.

1. **Dalla Schermata Home**: tenere premuta l'icona dell'app, poi selezionare "Disinstalla" o trascinarla sull'icona del cestino.

2. **Dalle Impostazioni**: accedere a "App" o "Gestione applicazioni", selezionare l'app e premere "Disinstalla".

3. **Verificare** se i dati dell'app rimangono in memoria (in alcuni casi è possibile rimuoverli definitivamente).

---

11. Funzionalità Avanzate: Voce, Video E Mappe

Le **funzionalità avanzate** dei dispositivi mobili semplificano la vita quotidiana e il lavoro in mobilità.

11.1 Usare Un'Applicazione Voce O Video Su Un Dispositivo Mobile

- **Chiamate VoIP**: app come Skype, WhatsApp,

Telegram, Zoom consentono chiamate vocali e videochiamate tramite Internet.

- **Audio E Video Conferenze**: la maggior parte delle app di messaggistica (WhatsApp, Messenger) offre funzioni di gruppo.

- **Qualità**: dipende dalla connessione Internet e dall'hardware del dispositivo (microfono, fotocamera).

Esempio Pratico: Un fotografo usa WhatsApp per videochiamare un cliente e mostrare in anteprima alcune foto di un servizio, ricevendo feedback in tempo reale.

11.2 Ricerca Vocale E Comandi Vocali

- **Assistenti Vocali**: Siri, Google Assistant, Alexa (su alcuni smartphone).

- **Comandi**: "Chiama Mario Rossi", "Imposta una sveglia alle 7", "Invia un messaggio su WhatsApp a Luca".

- **Ricerca Vocale**: "Ok Google, quali sono le previsioni del tempo per domani?".

Esempio Pratico: In auto, un utente dice "Ok Google,

manda un messaggio a Carla su WhatsApp" per evitare di distogliere le mani dal volante e digitare.

- **App Di Navigazione:** Google Maps, Apple Maps, Waze, Maps.me.

- **Funzioni:** calcolo del percorso, indicazioni stradali passo-passo, informazioni sul traffico, ricerca di punti di interesse.

- **Modalità Offline:** alcune app consentono di scaricare mappe per usarle senza connessione.

Esempio Pratico: Un consulente in trasferta scarica la mappa della città in anticipo. Una volta sul posto, usa la navigazione offline per raggiungere la sede del cliente, evitando costi di roaming dati.

---

12. Sincronizzazione Tra Dispositivi Mobili E Servizi Online

La **sincronizzazione** consente di mantenere aggiornati in tempo reale dati e impostazioni tra più dispositivi o con servizi cloud.

12.1 Scopo Della Sincronizzazione E Come Configurarla

- **Scopo**: garantire che posta, contatti, calendari, note, foto e documenti siano gli stessi su smartphone, tablet e PC.

- **Come Configurarla:**

  1. **Impostazioni** → **Account** → **Aggiungi account** (Google, iCloud, Exchange, ecc.).

  2. Selezionare i **dati** da sincronizzare (posta, contatti, calendario, drive, note).

  3. Attivare la **sincronizzazione automatica** o manuale.

Esempio Pratico: Un utente che scatta foto con lo smartphone le ritrova automaticamente sul proprio tablet, grazie a Google Foto o iCloud Photo Library, senza doverle trasferire manualmente.

12.2 Sincronizzazione Di Posta, Calendario E Altri Dispositivi

- **Posta**: ogni email letta o spostata in una cartella su un dispositivo risulta letta o spostata sugli altri.

- **Calendario**: aggiungendo un evento su smartphone, lo si ritrova su tablet e PC.

- **Altri Dispositivi**: smartwatch, altoparlanti smart, TV connesse. L'account unico (Google, Apple ID, Microsoft) facilita la condivisione di dati e preferenze.

Conclusioni

Al termine di questo percorso, emerge con chiarezza come la collaborazione online rappresenti oggi un fattore chiave in numerosi contesti: dalla sfera professionale a quella formativa, dalle iniziative sociali ai progetti più innovativi. La diffusione degli strumenti digitali e la disponibilità di connessioni Internet ad alta velocità hanno contribuito a superare barriere che in passato sembravano insormontabili, rendendo la cooperazione non solo più semplice e immediata, ma anche più ricca di possibilità di scambio e interazione.

Grazie ai servizi in cloud, chiunque può creare e condividere documenti, gestire calendari e organizzare riunioni senza doversi preoccupare di dove si trovino fisicamente i partecipanti. Le applicazioni di produttività, i media sociali, le piattaforme di videoconferenza e gli spazi disco online costituiscono un ecosistema sempre più integrato, capace di soddisfare le esigenze di singoli utenti, piccoli gruppi di lavoro e grandi organizzazioni. La flessibilità, l'accessibilità globale, la riduzione dei costi e la rapidità dei processi emergono come vantaggi innegabili, ma non vanno trascurati i rischi legati alla sicurezza dei dati, alla continuità del servizio e al rispetto del Copyright. Analogamente, la protezione della privacy e la conformità alle normative sulla protezione dei dati personali restano elementi di primaria importanza per ogni realtà che intenda sfruttare appieno queste soluzioni.

L'impiego consapevole degli strumenti digitali richiede dunque un'adeguata formazione, la definizione di policy interne e l'adozione di misure di protezione adeguate. Dall'installazione di plugin e applicazioni di supporto, alla configurazione dei firewall, passando per la scelta di piattaforme cloud e la gestione attenta di credenziali e permessi di accesso, ogni passaggio va curato con la massima attenzione. In parallelo, la condivisione di contenuti attraverso i social media e le piattaforme wiki offre grandi opportunità di crescita collettiva, a patto di rispettare regole di netiquette e verificare l'attendibilità delle fonti.

Sul fronte della formazione, i sistemi di apprendimento online aprono nuove prospettive, consentendo di seguire corsi e interagire con docenti e colleghi di studio in qualsiasi momento e da qualunque luogo. Le tecnologie mobili, infine, hanno aggiunto un ulteriore livello di libertà, rendendo possibile gestire comunicazioni e documenti persino in viaggio. In un'epoca di continua evoluzione, è probabile che la collaborazione digitale diventi ancora più pervasiva, delineando scenari di lavoro ibrido e trasformando il concetto stesso di "ufficio".

Saper padroneggiare tali strumenti significa non solo ottimizzare i processi e migliorare la produttività, ma anche cogliere nuove opportunità di condivisione e crescita. Che si tratti di un'azienda, di un ente formativo, di un gruppo di ricerca o di una semplice rete di contatti, l'adozione strategica della collaborazione online può fare la differenza, facilitando il dialogo, accelerando i progetti e alimentando la creatività di chiunque vi prenda parte. Con questa consapevolezza, si potrà affrontare il futuro con maggiore fiducia, integrando al meglio l'universo digitale nella quotidianità del lavoro e dello studio, e scoprendo di volta in volta nuove modalità per realizzare insieme ciò che un tempo sembrava irraggiungibile.